para dona Luisa,
Djalma meu pai
e seu neto Leo

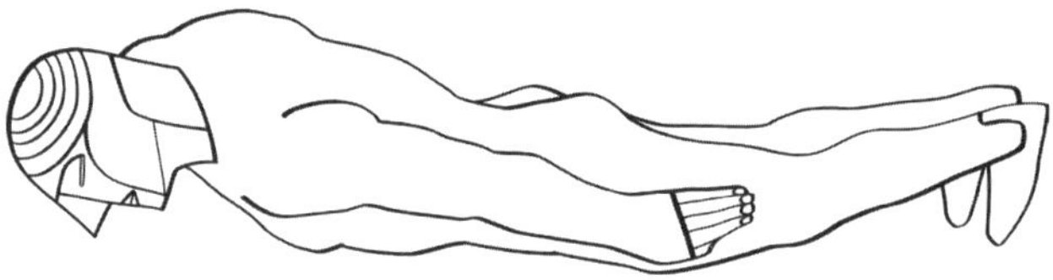

ASTRO NAU TAS DAQUI

marcelo yuka

LeYa

Diretor editorial: Pascoal Soto
Editora executiva: Maria João Costa
Projeto editorial e gráfico: Anna Dantes
Assessora editorial: Raquel Maldonado
Revisão: Paulo Scott
Imagem de capa e da folha de rosto © Triangulo Dorado
Fotos da capa e do autor © Rodrigo Alcon Quintanilha
Ilustrações internas: Marcelo Yuka

Ficha catalográfica

Y949 Yuka, Marcelo, 1965-
Astronautas daqui./Marcelo Yuka. -Rio de Janeiro: Leya, 2012.
336p.;14x21cm.

ISBN 978-85-8044-647-0

1.Poesia. 2. Música I. Santa Ana, Marcelo Fontes do Nascimento Viana de. II. Título.

CDD 808.81

2012

TEXTO EDITORES LTDA.
[Uma editora do Grupo Leya]
Rua Desembargador Paulo Passaláqua, 86
01248-010 - Pacaembu - São Paulo - SP - Brasil
www.leya.com.br

ÍNDICE

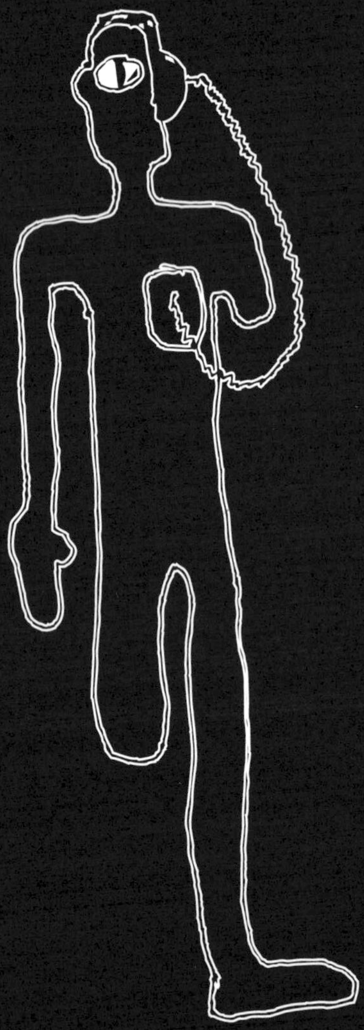

POESIA ANTICOMPLETA

onde o silêncio era cúmplice
do conforto merecido dos errantes

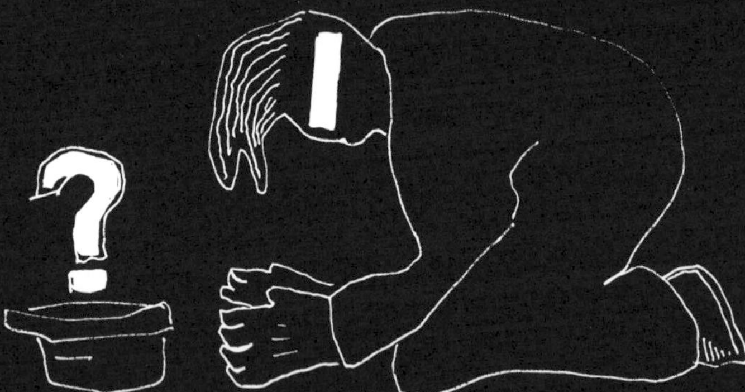

ocupem a minha cabeça antes que eu mesmo o faça

caveiras não precisam ver

as ruas estão cheias de fantasmas
vozes do outro lado do telefone
cantos por dentro dos fones

o mundo é logo ali

turismo paralelo

certos grupos são mais perigosos quando se divertem
do que quando odeiam

vinte mil reais pelo corpo
vivo ou morto
é muito pouco
se a cabeça vale mais que o pescoço

vagalumes que não voam viram favelas distantes
vagabundos que não morrem pertencem a outro lugar

e o pai do Cabeça lá na Mangueira
debruçado num balcão de esquina dizia:
"duas coisas que não combina, mulher e cocaína"

a camisa do meu time é um estandarte da alegria
pendurado no varal dos dias quentes

... na ilha de botequins
procurando os mágicos
que não se mataram antes do fim
como o som do velho maroto
imitando o sopro
e batucando o dedo
na caixa de fósforo

tem certos loucos
que eu prefiro perto de mim

pra que servem os bêbados
se não debocharem da queda

to digitando rapido pra acarlho
tudo nervosos
e erradp

parece q a maquina ta me teclando

aprendendo a amar monstros japoneses

como um submarino
no céu
uma pipa movida
a hidrogênio
usa um telescópio que
avista corações distantes

pra crianças deus é souvenir

cicatrizes aparentes no uniforme da escola

em frente a um monitor
eu passo de raspão
por tanta opinião
que a informação parece
virar certeza

parada
a ex-máquina espera o tempo para existir
a ex-máquina não existe ainda
a máquina quando não funciona é uma máquina
parada

no berço dormiam crianças atentas demais
para prestarem atenção em alguma coisa

tem um bebê
que ousou viver
no intervalo
antes da palavra
tecer o mundo

há por aí uma parede deserta
de alguém que viajou demais
mas não saiu da própria cabeça

de tanto medo da vida perdeu o medo da morte
de tanto temer as crianças faremos delas adultos

o homem preso só deseja desejos

os loucos possuem um estranho modo de arte
tão forte e tão passional
que não respeitam a si mesmos

há evidências
que todo pintor
que se ama demais
não pinta,
pinta-se

a violência branda
não tem cor
nem se parece com a pólvora
é tão invisível quanto a loucura

pessoas chatíssimas
são aquelas que insistem em ser o que são

por baixo da unha pele
por baixo da pele medo
no banheiro do metrô tinha um coração escrito:
SALVE-ME

aquele monte de mães menininhas
com seus bebês no ombro
chupeta amarrada na fralda
subconsciente telenovélico
em shortinhos comprimidos
tão apertados
quanto a sorte
de contar com o marido

PAI

eu te amo mesmo quando eu não te gosto

rezava quietinho com a cabeça coberta de abelhas

deixe o preto velho subir
para a laje da memória
onde a paz faz mais sentido agora

quando as nuvens vem dos olhos
como podemos enxergar?

as sirenes tocaram na hora do
parto

o domador de sonhos
atravessa o improvável
sem ter medo de cair

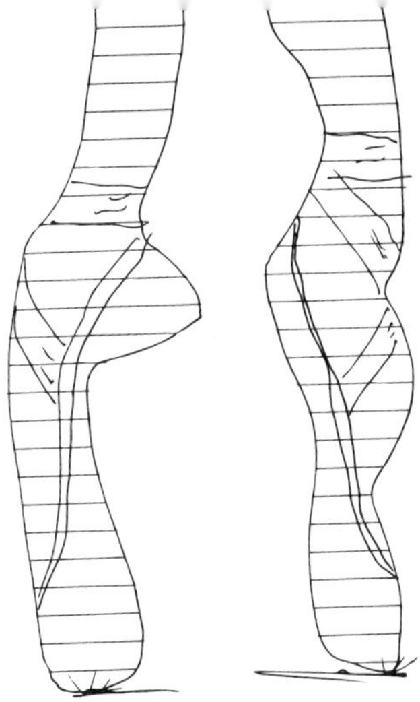

sonhar é ser o perfume do estar

os pássaros em cima do homem estátua

o sucesso de quem não quer sossegar

os caminhos de quem quis ficar

um galhinho de arruda de guiné ao lado de uma foto de Karl Marx

os banheiros de quem cheira

o silêncio de quem quer te roubar

o rabo de olho de quem esconde a origem do desejo

o orgulho da esposa de quem comemora o golpe de 64

o último gole de Judas

os dedos da mãe que se masturba

os autores dos autores devorados

os sapatos de quem derreteu a Jules Rimet

a arma debaixo do banco do taxista

o barulho de quem não quer fazer barulho

o sonho dos animais

são como uma câmera atrás do espelho

seu verdadeiro hospedeiro

o que você não disse quando me sorriu

e o conselho necessário de quem trai

CANÇÕES PRA DEPOIS DO ÓDIO

O HOMEM COM O CASACO RASGADO NAS COSTAS

o homem com o casaco rasgado nas costas
quando se vê no espelho
se apoia no mundo
se sente necessário
e de certo ponto
orgulhoso

mas o que o homem de casaco rasgado nas costas não sabe
é que ele se sai bem
justamente quando não percebe
como alguém que fica mais fotogênico
        antes da pose
        ou depois quando se desajeita
        numa realidade neutra
        à margem das lentes
        de qualquer opinião
parece mais feliz quando dorme
mais engraçado quando tropeça
e mais vulnerável
quando convoca a arrogância

o homem com o casaco rasgado nas costas
tem a inteligência transacional das criancas
        vivendo com um colete salva vidas
        que ele nao sabe inflar
por sorte
aprendeu a cantar enquanto trabalha
e mais uma vez
quase sem saber
se tornou mais atrativo do que atraente

o homem com o casaco rasgado nas costas
nunca viu num retrovisor
a incrível saudade que deixa
mesmo em quem faz sofrer
ele talvez não entenda
como consegue falar com bebês, putas e doenças
com a mesma voz
com que se atormenta

UM MINUTO ANTES DO FIM

para Anna Dantes

policial para e repara
antes do sangue
espirrar na sua mão

um avião
simplesmente não decola
e o piloto não vai dizer porque

se senta nu
o padre na calçada
se senta nu
só com o terço na mão

a bala engasga
a voz engasga
a sorte engasga

um minuto antes do fim
eu vi você
como uma coincidência
que tinha que ser

um minuto antes do fim
eu vi você
me dando vida sem saber porque
um minuto antes do fim
eu vi você
como uma coincidência
que tinha que ser

AGORA NESSE MOMENTO

agora nesse momento
não tem o que eu me lembrei
não tem o próximo invento

agora nesse momento
não tem o peso do tempo
só tem o que me concentra

agora nesse momento
estou ao meu redor
como estou por dentro

agora nesse momento
eu sou o pulo e a barreira
sou eu que me enfrento

agora nesse momento
me sinto um pouco melhor
pra dar prosseguimento

não me acorde ansiedade
como testemunha do desejo
pois precisamos de mais
barulho
mais barulho do que bombas
tanto fora quanto dentro

a noite não te caberia

MEMÓRIAS ARTESANAIS

deixe-me ver com as mãos o braço da minha mãe
deixe-me ver com as mãos os tocos de barba do meu pai
deixe-me ver com as mãos a fronha onde dormirei
deixe-me ver com as mãos um copo de café de um dia quente
deixe-me ver com as mãos um copo d'água de bica
molhando a barba e a garganta de um homem magro
deixe-me ver com as mãos o barulho que a grama faz
a vela que escorre e arde
pra quem precisa de fé

deixe-me ver com as mãos o gelo grudando na pele
deixe-me ver o bicho de goiaba roubada
com a palma suja de quem apertou as mais novas raízes

memórias artesanais
colocaram aquele primeiro disco pra tocar
e atestaram que a casquinha sara se eu não cutucar
que o violão vibrava dizendo alguma coisa antes da música falar

memórias artesanais
a desenharam antes d'eu nela tocar
e fizeram carinho no escuro
para descrever no seu corpo
em sono porque eu gostava tanto
deixe-me guardar pra sempre
a vez que liguei a mangueira
e fiz o jardim feliz

deixe-me não esquecer o som
de marcar a página do livro que eu gostava
deixe-me lamber os dedos salgados por você
e fazer desenhos tão importantes que nunca mais verei

tacar a bola
pra entender como ela volta

deixe-me ver com as mãos
as juras de um sorriso sem fala
e a pele com minha pele no tambor

memórias artesanais
deixem me tocar

para Maia

parati
minhas botas
continuam sujas
daquele lugar
que pertencia
a você

REPAREM OS NOMES

rostos de não sei
se acumulam em mim
e me trazem até aqui
fecho os olhos e os vejo
como se fossem próximos
cromossomos de uma lembrança
que me faz saber quem sou
reparem os nomes
que me fogem ao controle

ela engravidou
e eu não soube
teve filho
e eu soube sem querer
eu quase sei como ele se chama
e quase saberei quem ele será
quase fui
a falta que faz em mim
mas reparem os nomes

como apagar uma tatuagem sonora?
diga que nao teve importância
e torça pro seu coracao não deixar pistas
pra que meu rosto de não sei
nunca sugerir pra ele
o nome da minha memória
em ti

CASA

o teto é uma espécie de filho
que cuida de mim
o lar não era o prédio
mas as coisas que cabiam dentro
como fotos, marcas de uso e uma
criança escondida
vendo a chuva chegar
a laje era a terra prometida
de uma família esperada por mim
as cortinas, a capa da capa de todos
os livros
que me insinuaram

e os móveis?
bem os móveis somos nós
arrumando uma maneira
pra guardarmos só o inevitável
pra sermos uma casa
o lugar para onde voltamos

ORFÃOS DA ESTAÇÃO

para o casal que me fez

ela escrevia na parede do quarto nomes para um amor
que queria conhecer
ele desenhava rosas que via na solidão
pelas calçadas daquele comércio eloquente
o tédio suburbano vinha no teor de um dia quente
era uma perseguição
prefácios ao vento
páginas e páginas voando de seus corpos em silêncio
a timidez e os melhores sentimentos doiam no pulso
não nasceram no terreno feito pra ter certezas depois do horizonte

a estação de trem era feia como feia podia ser a mulidão
com pressa de exisitir fora da estação feia e da multidão

só precisavam de uma roupa que se inspirasse em um lugar
para usarem e para ouvirem
únicos
como parte de um carinho
que só alguns pudessem dar
que só alguns pudessem ver

às vezes um arranhão vira música
mas todos jogavam
e rodavam no disco
e na estética da cultura de massa

onde todo romance é previsível
ardendo no corpo
que procura a defesa na alma alheia
escurecendo no chão dos guardanapos engordurados
a area onde os ratos se alimentam

dos restos do pastel que você comeu correndo
e os dois passavam com medo de gostar de estarem ali
era preciso odiar a situação para se sentirem limpos
lavados pelas lágrimas que escorriam por amor

da janela do trem dava para ver o calor que vinha dos tijolos aparentes
as pichações mais nojentas foram virando árvores que refrescavam
a sucata que nos fez
eles descobriram o humor e os livros
o sexo e alguém para odiar na família
e finalmente um ao outro

satélites do mesmo hálito
banho de mangueira no chão de concreto quente
anjos com lâmpadas vermelhas
na frente da casa
tão igual que inflamava os corações
assassinados
querendo nascer

quando descansaram
suas nostalgias todas
na simplicidade
de terem chegado ao lugar evidente

não fizeram filhos
pra estação feia
fizeram filhos pro mundo

A FOTO DA JUÍZA MORTA

tô vendo as fotos da juíza morta
seu carro perfurado
pela certeza dos covardes
depois tô vendo as fotos da juíza se formando
com o sorriso mais bonito que já vi
um rosto ensolarado
daquela confiança saudável
dos que são capazes de parar o tempo numa foto

podia ser a cena de um verão insesquecível
ou a imagem do primeiro passeio com o filho
talvez o rosto de quem acabou de rolar no gramado da Quinta
talvez fosse o sorriso
de alguém que tinha a sorte
de saber ao que veio
mas o certo é
que por mais que eu lamente o destino
é seu sorriso que mais indigna
quanto mais observo mais acredito
que ela sorria por nós
por todos nós
todos mesmo
mesmo aqueles que nunca entenderam
o processo que fez
aquele sorriso virar a decisão de não arredar
não arredar
não arredar jamais
do compromisso com a felicidade maior
do que aquele que a possui
eu lamento

agradeço
e rezo
pra que esse sorriso
habite em mim
um dia desse jeito
num rosto tão feliz de mulher
desafiando a ser lembrada
pela solidez de seu último dia

NOITES AMAZÔNICAS

o primeiro disparo atingiu o relógio da sala da cooperativa
o segundo atingiu o peito do Josias
que ficou sentado em seu destino sangrando
ao lado do rádio que profetizava orgulhosamente
as novas mudanças da economia
enquanto eu corria sob a luz da maior das solidões
a solidão de viver a minha própria extinção

não dava mais para pensar
a noite amazônica era tudo o que eu era
tudo porque eu poderia sumir
tudo o que cortava meus pés
eu só queria chegar à beira do rio e fingir que já tinha ido
biodegradado enfim
nunca tive tão pouco nas mãos
correndo sob a luz da maior das solidões
a solidão de viver a minha própria extinção

alguns cães latiam para dedurar
o quue eu acreditava agora me caçava
na fome de assassinos mal pagos e fedendo a alcool
e tão venenosos quanto a estrada que arriscava os castanheiros
de dentro da pick-up prata saía o fim do impasse
da decisão tomada dias antes
por homens que não me dariam o amanhã
para equilibrar as contas do boi que precisava ser plantado ali
da soja que precisava engordar ali
e gerar ali a força do iluminar de um novo tempo
sobre os bens daqueles que nunca saberão de mim
nem tampouco do longo tempo da minha fuga
em poucos minutos séculos de fuga em mim

séculos de matadores brindando com o poder público
a um novo bicho que procriou em cativeiro
enquanto os sons dos passos no meu encalço reinavam
sobre o meu sufoco
me lembrando dos defuntos gigantes aparelhados na madeireira
meu sangue acoado pode estar a pouco de ser beneficiado como qualquer
transfusão das águas sobre cemitérios ashaninkas ou ianomâmis ou sei lá
o que corre nas minhas veias na escuridão que me rodeia
e na maior das solidões
a solidão de viver a minha própria extinção

algo me queimou nas costas enquanto eu brigava com deus
e de repente lamentei na insistência o não mais puro da vida
o chão virou estrelas
me levanto e percebo que estou espalhando a minha seiva
uma posse sem escritura
a terra fala comigo de uma maneira madura nunca antes tão igual
agora que somos gritos espalhado como adubo no quintal
prestes a sermos motivos de uma nova compensação ambiental
talvez façam uma praça com meu nome
talvez me abençoem com a culpa de uma jaqueira na rota de outra empreiteira
e por último nos darão o carimbo legal
cínico e automático de "causa mortis natural"

cai uma chuva fina que me afoga na lama
ouço o barulho das quedas tão perto e tão distante da esperança
as botas me descobrem e eu viro e viro no barulho da espingarda
um passado sem resto
na retrospectiva no final de um mundo inteiro agora
é a pequena vila que dorme no espanto da maior das solidões
a solidão da sua própria extinção

OS MESMOS

a mesa era simples
mas o café tinha a dignidade de ser fresco
como a manhã de um beijo
decisivo e úmido
apesar do calor saboroso de dentro
abrindo os olhos lentamente
sem mencionar as coisas
que nos faziam parar

o gosto do recomeço
desafia o peso dos anos
que desafia o peso dos ombros
que desafia o peso de sermos os mesmos
os mesmos
que inauguram o mundo
a cada novo descanso
depois de cada desfecho
ser um mesmo depois

e depois

OS MESMOS MESMOS

o bar estava cheio de trabalhadores
que não foram pra casa
dividindo aquela solidão de propósitos
com jogos na TV
glórias efêmeras
orbitando em volta de poças de cerveja engarrafada
ao som de um ponto final de um ônibus qualquer

almas atropeladas por decepções assassinas
até uma gargalhada cortante achar
num pouco de todos
o zumbi que zomba das perdas
e dispara cócegas visuais
de fácil acesso

às vezes um palhaço
de batom de sangue
– mas ainda como um palhaço –
até valer à pena catar o dinheiro amassado no bolso
e pagar pelo serviço de seguir em frente
num jeito dormente e permitido
menos ameaçador e contente

O ARTIFICIAL

o artificial
artificialmente
foi ficando mais disponível
aos pobres
do que a verdade
o falso é mais barato que o real
quem só pode pagar pouco
vive do gosto químico
do que parece ser mais não é
até que tem que chorar
até que falta o ar
até que não adiante chorar
até que não adianta parar de respirar
aí o sistema autônomo emocional é disparado
e o vento que passa por cima da cidade
refresca o suor e o desespero
como se voltássemos pra casa
depois de um trabalho de um dia inteiro
e o amor de verdade conversa no quintal
de todos os simulacros
parece um colo
e é

RÁDIO

tente ouvir o barulho da chuva
de dentro dos elevadores

tente entrar no lago
sem mexer a água

tente esquecer do sol
à noite

tente não estar
entre o queijo e a faca

tente ser o gatilho
sem pagar pela bala

todo homem é um rádio
mas ele está lá
onde não vemos
recebendo tudo o que emitimos
e não percebemos
as ondulações
que vêm
do sopro
dos gestos
dos objetos

não me surpreendo mais
com o que propago
sem ver

JONI MITCHELL, JORGE E BAMBAATA

por causa do Cabelo

eu tô lendo sem ver
e dançando sem corpo
a ciência ainda não publicou
todas as maneiras
que me envolvo
de alguma forma
o último camponês assassinado
estava lá por mim
assim como
os olhos levemente puxados de Mitchell
o orgulho que me dava
andar na rua ouvindo Africa Bambaata
acho que o violão de Jorge
de alguma maneira
estava lá por mim
assim como
as luzes ancestrais da padaria
e a menina que dormia sozinha na praia
uma tarde depois de seus arrependimentos
seus cabelos não se movem
no que virá desse vento
que me deseja sem que eu precise chamar
vou me esquecer de falar disso
vou não saber definir
vacilar
babar
caducar
ou simplesmente
não saber imprimir

mas sei que vou saber ouvir
toda vez que esse vento apitar
esse vento que me deseja
de minha qualquer forma
redimir

BEBES CARTAS
CARTAS GRAVIDAS

A CARGA

(para minha mãe, minhas tias e todas as mães que eu tive)

agora, distante daqueles dias
pode ser até divertido
admirar a ignorância
mas o fato é que
ele simplesmente não sabia
que crianças não podiam
ter calos nas mãos
que o medo não media a vida
era tudo da carga
era tudo pra carga
a carga natural
pra essa viagem

pra essa viagem as mães seguiram
como se o parto não terminasse

(carregando alguém
por dentro pra sempre)

E LÁ VOU EU

quando todos os soldados que conhecemos
estiverem sentados
comemorando distraídos
na calçada
de alguma vitória momentaneamente urgente
eu vou escorrer pela multidão
e continuar a correr sem mim
traspassando os fogos
sem piscar pros flashes
sem parar pros carros
ou ouvindo o som da cicatriz
que perdoa os pés machucados
por terem vindo até aqui

convencido
que na memória do samba
a harmonia não vive sem marcação

sorrindo
pela hora de ir embora
procurando
e procurando
a voz da primeira partida
admirado pela temperatura
eu me vi querendo
enxergar seu verso
adoçar nossa ingenuidade
sem temer cair na paralisia do ar
e lá vou eu
sem mostrar a luz de freio

e lá vou
procurar em você
meu direito
procurar em você
meu eterno endereço
e lá vou eu
que depois que passar
quando tudo isso chegar
largarei tudo pra trás
pra procurar
enquanto for
algo maior do que sou

PANAM

de tudo que é lamentável em nós
nada e tão duvidoso e sedutor
quanto o excesso
nunca teremos justiça
com tudo que Israel pode
não sustentaremos a luz
a América transmite fome
por ser gorda demais

um francês cria um projeto
pra chegar ao espaço por elevadores
nunca sustentaremos a luz assim

não existe beleza na power yoga
nem lixeiras pra tanta china
mães que falam demais
e mães que falam de menos
educam inversamente

e subitamente
enquanto eu me defendia dela
que só economizava palavras
no seu sorriso tímido
veio um símbolo curto
e tão direto quanto o logo da nike ou a cruz
no meio te todo barulho por nada
ela disse sem anúncios

me voa

AS TEMPESTADES

adoro as tempestades
principalmente aquelas
que sua força anuncia
que logo se vão
adoro as tempestades
porque adoro admirar
transformações inevitáveis

seus lábios vão mudar
de cor no frio

as ondas serão pretas
enquanto coqueiros enfrentam

e os olhos do pescador
lamentam o regresso

quem sabe nós que trombamos
a tempestade
somos um empecilho vivo
seco e respirante
como uma máquina de esbarrões

quem sabe os dois lados
que fazem o meio
o nosso meio circular
ventos e inundações
peles e canções

A BALA

por pouco a bala
que pegou a ideia
não pega na visão
e eu começo a ver as coisas
pela paralisia do rancor

por pouco
mas por muito pouco mesmo
eu dispenso a luz do dia
em prol das fotos
de nossos melhores anos

fazia calor
e eu simplesmente
me arrastei até a varanda
e deixei meu suor
conhecer o vento
daquela ocasião

CANÇÕES PRA DEPOIS DO ÓDIO

canções para depois do ódio
não são canções
pra quando o seu outro chegar
nem são canções
pra aliviar

canções para depois do ódio
não são canções perfeitas
para as pistas
nem canções pra perdoar
a covardia velada
em seu irmão

canções para depois do ódio
não são canções
que todos vão cantar
nem são canções
que podem ser evitadas

são os acordes do ruído
do melhor da condição humana
um serviço sussurrado
como um hino
que cada um queria uma parte
pra vencer seu carnaval
poderia ser vingança
mas é arte

ACORDOU

acordou cansado
de procurar milagres
foi ao espelho
e achou
de tão banal e vivo
supranatural
se denuncia
já somos o milagre que somos
o milagre humano vacila

CANIVETES

meu corpo
como meu vocabulário curto
não me compreende
como o plástico da pele
onde me bato
e estendo murros
e pontapés

toda vez que eu quiser
ser minha redenção
tenho que me desafiar
e desafiar os acordos
com a tinta que tiver

porque tudo que o tempo
não levou
é que não dependia dele
pra existir

me falta ar
em minha própria bolha

essa é a asfixia
que me berra a criação
canivetes no olhar
que coagulam uma ação
que nem sei
mas que duvida das coisas
que me formam
e me formaram
enfim

QUANDO IRA É SANTA NÃO PODE SER RELEVADA

um celular é disparado contra o muro
na sequência
socos, chutes e tiros de dedo
tentam machucar o invisível
com palavrões em curto
mal lavados, cuspidos e gozados na cara desse dia
desse dia filho da mãe
filho da mãe puta
por poder, sem necessidade ou prazer

dentes tão cerrados que machucam os músculos
do rosto
um foda-se precisa ser gritado
um foda-se precisa ser querido
com a urgência de um parto epilético
monges pegando fogo na garganta
não se apagam com choro

quero arrancar os olhos
de qualquer norma
e finalmente ter seu nojo
ser meu herói e meu louco

é preciso simular um crime no meio da rua
vomitar um pecado de dentro das células
ouvir as vozes que te guiam
atari teenage riot tocado de trás pra frente
até virar um som tribal
a que você possa pertencer
rápido
antes que tudo seja reassumido

antes que meu veneno se torne meu vício
preciso de rapidez
pra depois andar sorrateiro
disfarçado de mim mesmo
por cima um pano
fresco como acetona
por baixo eu te aponto e roubo
com as cicatrizes que carrego no espírito
e no dorso

no busto queimado de santa margarida
Franz Krajberg viu um anjo perpétuo
que de tão excitante
nunca foi exposto

quando a ira é santa não pode ser relevada

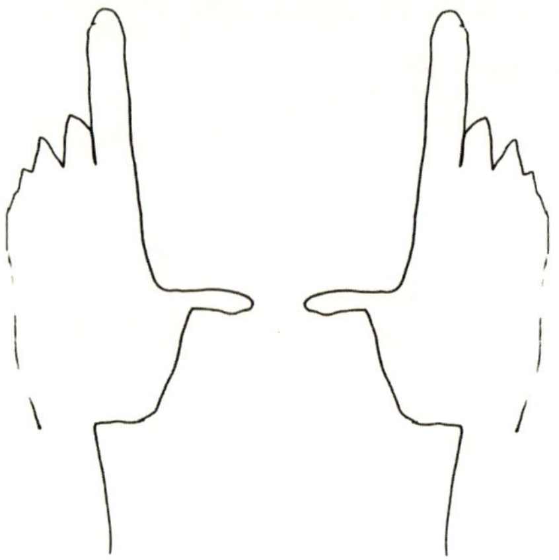

AUTORETRATO

no inevitável desenho
dos meus passos
eu queria um solado mais genérico
para não ver claramente no meu rastro
a evidência maldita
do autoretrato

mesmo quando tento
outras arquiteturas
quando uso meu humor suicida
para rir do meu próprio rumo
não consigo parar de ser
um retalho de mim

mesmo quando excursiono
por seus planos
fica tudo lá
claramente no meu rastro
a evidência maldita
do autoretrato

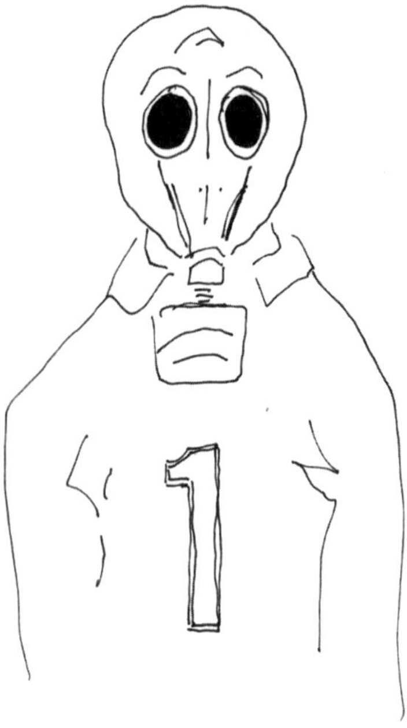

POEMA INFECTADO

um poema que eu tenho
receio de ter pego
receio de ter lido
receio de ter transmitido

poema infectado
sou eu falando de mim
usando demais
a palavra fim

poema infectado
um poema perigoso
possível de ser incorporado
um poema de risco
um poema auto-destruítivo
um poema para jamais ser cultuado

poema infectado
sou eu sem proteção
tentando fazer da vida
minha própria vacina

poema infectado
um poema de uma frase apenas
TRATAR A VIDA COMO UMA PENA

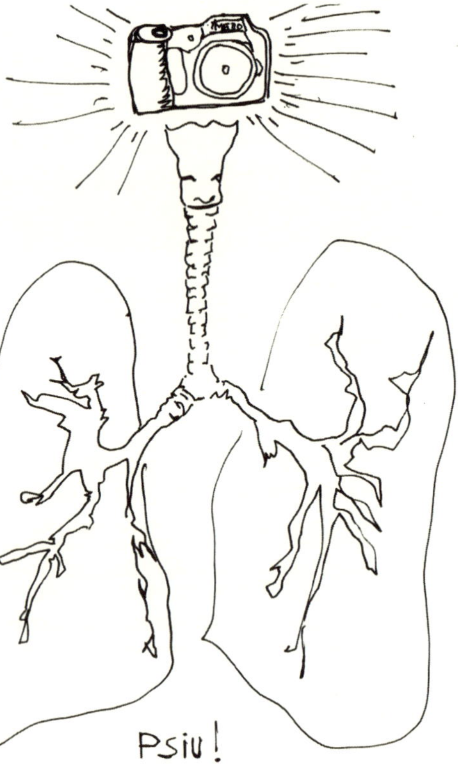
Psiu!

APNEIA

tentando fotografar algo realmente importante
resolveu fotografar sua invisibilidade
viajou por onde seu nome era impronunciável
mostrou fragilidades até desconhecerem sua virtudes
se aparentou com o que é socialmente desprezível
fez a sua nudez harmonizar com os vegetais
envelheceu sem temer qualquer coisa
que duvide das fronteiras
sem deixar de ser indivíduo
sem temer o pasto
sem temer ser gente
tentando fotografar algo realmente importante
resolveu fotografar sua invisibilidade
revelou o ar nos pulmões
e o espaço que há entre nós

ULTRAVIOLETA

a fotônica
transmitirá por raios ultravioleta
dados cada vez mais rápidos
tão rápidos que um dia estarão
mais rápidos que o desejo

às vezes me sinto diante
de um anúncio
ou de um objeto que fará sentido
só depois que o vejo

tenho por princípio
gostar de não saber
pra onde vou
mas será que estaria
tudo ligado?
será que um instinto secreto
tem cor?

TRANSLÚCIDO

o nome daquele herói
era Translúcido
o homem do crânio de vidro
seu super poder era dizer tudo
sem temer se denunciar
antes dos braços falarem
e os olhos tocarem
o primeiro escudo
antirraio x

num terno com um alarme luminoso
sobre o pescoço
andava pela cidade
dos segredos ansiosos
sem deixar de olhar
o silêncio de alguém
como o silêncio
que não tem

o nome daquele herói
era Translúcido
o homem dotado de uma espécie
de wikileaks dos sentidos
um poder mudo das palavras
e gritante aos amores
intantaneados de uma incrível
coragem

um dia
Translúcido sumiu
disfarçado de indivíduo

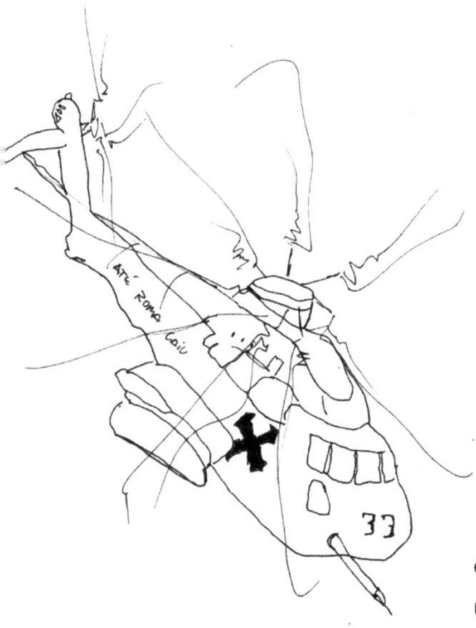

com uns óculos filmados G5
um capuz
e uma estranha saúde
comprada num brechó
de antibióticos
que lhe dava espirros
de esperança
não sabia se vestir bem
em sua solitude
mas tentou
se mudou
se mutou
mas não se distraiu
dizem que virou agente secreto
um artista sem rosto
um ego suicida
com uma capa invisível
de trabalhos chatos
por aqui
quando passou
pixou
"até Roma caiu"
nas asas da aeronave
do dono das empresas x

VINTE QUATRO QUADROS POR SEGUNDO

...sem impressão
uma rápida captura do momento
aqui e agora
sobreviver ao negativo
sendo multifuncional
ampliar com a mais despojada
do metrô
sonhos em capítulos
escritos apenas em um olhar
que minha luz
pudesse guiar
em animação...

CLIQUEI

trapos assustados atravessam na frente
dos carros
assustados pelo perigo que são
desconfiando da embalagem da cidade
fotos odiadas pela moldura
natureza morta em pedras

cliquei

um cardíaco correndo atrás da bolsa
antes de ser atropelado
a raiva é mais segura
mais rápida
e mais tutelável
do que a nossa deficiência
por criarmos contra nós
o que temos e eles querem

cliquei

são todos olhares reagentes
confundindo justiça com vingança
a vingança é de graça
e a justiça pra pouca gente
a grande mandinga escurece a cidade
ao meio dia
alma alguma será imune ao que vem

cliquei

uns diziam: perdeu
outros diziam

pega, pega
peguei
pegou?
amém
um disparo pode acertar qualquer um
e de repente
tum tum cloc tum
um cai
mas o disparo pega em todos

na polaroid dos fatos
fascistas nascem nessa hora

cliquei

Google

GUIADO POR VOZES

na atmosfera de toda beleza
que não foi googleada ainda
não usaremos máquinas
pra registrar aquilo que nunca mais esqueceremos

guiado por vozes

o conforto inseguro dos primeiros beijos
o lugar onde a mãe de qualquer mãe disse adeus
onde o mestre não caiu
e foi mais jovem que nós
por não desistir dos que se sentiram
roubados pelo dinheiro que ganharam
e se tornaram marginais inevitáveis do encanto de duvidar
só as putas sabem o valor do amor

guiado por vozes

seu Agostinho, velho pajé
nos levou pelo escuro
passando por tudo que ganhou sem pagar
e por tudo que perdeu sem dever
até o lugar que nasceu
decorado de intuição
não lia estrelas no céu
nem sonhos minados depois do fim de tudo
apenas voltava porque sabia voltar ao que era

guiado por vozes

recupera-me

VINIL

os negócios passaram a ter vida própria
e construíram uma linguagem autônoma
por trás da fala do homem
por trás
por trás
e através
a estratégia era ter o controle de maneira dichavada
olhavam discretamente pela grade do cifrão
enquanto surgiam
escolas suicidas
CEOs blindados
terras magoadas
prostituição com e sem corpos
e tudo mais que pudesse dar normalidade
aos drenos instalados
na vaidade da chefia

com ratoeiras no orgulho
vivemos como ratos
viciados na monocultura de desejos

e mais uma vez os homens roubaram dos deuses
a autoridade do pecado
e entregaram aos negócios
o pudor dos dogmas
e a esperteza de poder criar e indagar a evolução

na moeda vem escrito
"que deus seja louvado"
como um spam de papel em fé

era preciso ser criada
uma transamazônica moral
endossada por algum garoto mimado da FGV
que escondesse o conservadorismo
em certas máquinas
que aprenderam a utilizar
nossa transcendência como combustível fossil
necessário a eles
e insustentável a nós

para cada novo ciclo
uma nova escravatura
era um grande crime
duvidar das novidades
todo filósofo urgente
era acusado de afetar as redes de transmissão
que ditavam
quem eram os ditadores

só restava a nós
procurar pela essência
como bicicletas
usadas na manutenção
do acelerador de partículas
ou Steve Jobs
que morreu ouvindo
discos de vinil

A GAROTA DO COLAR COM PENDRIVE

ela carregava no pescoço um pen drive
com a história das paisagens que lhe tiraram o fôlego
um colar de resíduos emotivos
com pessoas, objetos, multidões, cantos e recantos
fotografados tão perto
a ponto de se tornarem
distantes ao que são

ela carregava no pecoço
um colar de visões
que lhe tiraram a voz
contas de contos quase fantásticos
e banais
como restos televisivos
de épicos particulares
num feixo simples
tipo gancho
a linha da sua vida
num nylon qualquer
da cor das lágrimas de alegria
que num dia de lua cheia
antes da noite
foi deixado na mesa de trabalho de alguém

HAVAIANOS

sempre gostei dos havaianos
eles são negros meio índios
são indíos meio negros
inventaram o surfe
e ainda por cima
são americanos que na real
apesar do ritual ocidental
só são americanos quando morrem

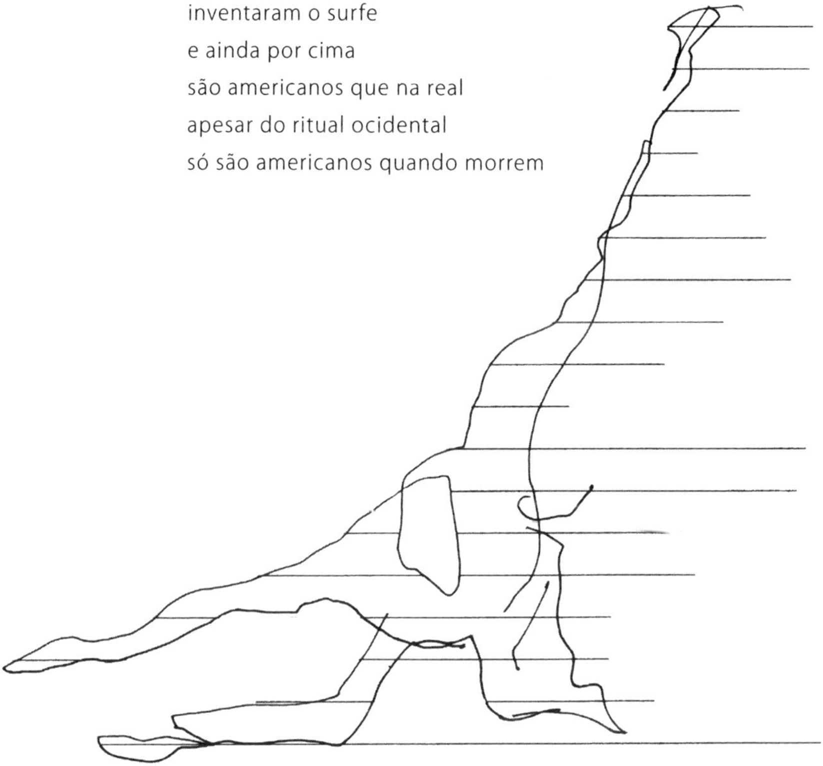

ATRÁS DELE

na noite forjada por apagões
um motoboy atravessa a cidade sem gps
portando imagens de grosso calibre
no seu hd de bolso e de preço popular
imagens que acusam o juiz

atrás dele
portas arrancadas com chutes
um programa x9 usando máscara
escaners de retina
mensagens de ajuda
numa rede social obscura

e o tempo tentando pegá-lo
antes da próxima esquina
antes da polícia mudar de dono
e tudo virar ao contrário

os dados queimando em nossas mãos
passam no ar como fumaça
silenciosa e urgente
com a descarga de quem foge
porque adora estar aqui
fazendo história atrás de si

SEGREDOS QUE FEDEM

segredos que fedem nos perfumes da cidade
restos de pele
cabelos esquecidos
objetos tatuados de querer
poeira de marrocos no sapato
o dinheiro e o desejo deixado nos passos
pessoas que morrem mas não somem

spam, iluminol, sinais de calor no escuro,
nano big brothers, impressões cerebrais
grampos incorporados, retinas interpretadas

será sempre mais fácil roubar do que esconder o roubo

monjes clandestinos oferecendo cirurgias sensoriais
para extração de chips
almas versus scanners
paraísos fiscais traídos nas senhas na intimidade dos vícios

a gente vai deixar o rastro justamente
naquilo que a gente esconde

CLAUDIO CARECA

uma vez encontrei Claudio Careca
com seu cachorro conan
com o opala preto 6 cilindros do seu irmão Paulo
emborcado na calçada
o som do carro ia e voltava
quase numa automação voltada pra ninguém
a rua tava vazia
e o Claudio
ria e ria e ria
sem ligar pro som
ria pra ele
até eu chegar
ele riu mais ainda
e me abraçou
como se fosse me mostrar alguma coisa
no céu
ou naquele horizonte negro
ele ria e ria
sem falar nada
mas sua "felicidade"
reclamava
sua felicidade
parecia
injúria
ele nunca me contou o que se passava
se era um ácido
uma decepção
ou apenas
matéria prima de um soluço
mas gostei daquela sensação

estar diante a sentimentos confusos
talvez idiotas
pouco talvez
profundos
não sabia onde rir, não sabia nem se era pra rir
era uma sensação de estar num meio do caminho
que eu não conhecia
e era justamente o meio que me dizia que aquela noite pra mim
seria criação de um orixá que faltava

uma mãe preta monalisa
de jeans, tênis, guias, bata e turbante,
um pancadão pré-tamborzão fazendo o papel da curimba
até hoje me vem aquela visão
acho que passei a ser seu cavalo
talvez escreva ainda incorporado
por aquele sorriso afroromano
a debochar
das solidões

ASTRONAUTAS DAQUI

sites abandonados usados como cativeiros em flash. no endereço eletrônico de um ex-famoso refrigerante de Katmandu, senhas estratégicas esperam ser salvas por seguidores de uma seita que cultua e dissemina o falso, o simulado, o emulado, ou quase real, como meio de se chegar a verdade. seu líder, um travesti colombiano turbinado com todos os atributos de uma supercachorra da elite sexual carioca, tem um ar michealjackosoniano em seu perfil. não é novo nem velho, não é preto nem branco, não é homem nem mulher, não é daqui nem dali, nem de dentro nem de fora da tela em que foi lançado, dirige seu fundamentalismo supranacionalista por mantras ultradançantes que estimulam seu incrível exército de hackers de cristo, na fé de que toda a mentira é divina, já que o homem cria mundos, objetos e espécies, nós seríamos o deus que procuramos, gerados e regerados por programadores, astronautas daqui

UM DEUS MAIS JUSTO

não quero perdoar
por receio
quero um deus mais justo
não um deus justiceiro

não somos do tamanho
do corpo ou do muro
somos do tamanho
do que sentimos
– de preferência juntos

um dia eu vi
a nobreza em pés descalços
e a revelação num site de denúncia

um dia eu vi
a beleza pagã da bateria
versus sua rainha
que pagava para ser vista

a sinapse ganha o mundo
em novos neurônios
de preferência juntos

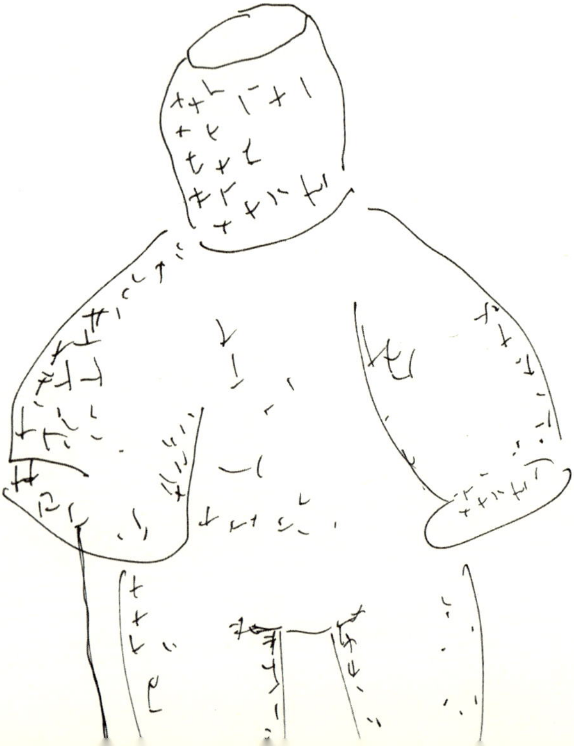

BEP KOROROTI

um índio enforcado
na beira do passado
leva seus fantasmas
na sua solidão
um indio enforcado
na beira da pista
leva todas suas histórias
submissas
aos ossos de uma extinta harmonia
já existia antes dos tratores caçarem deuses
e mudar seus mortos de lugar
exalando o pecado, o alcool e o respeito
pro outro mundo passar
direito
com suas torres de energia
por cima de quem
não confia muito bem
nessa eletricidade

escurece
e veem o mundo de cima

AZUL

tem um azul madrugada
que quando raia em mim
me desperta o sentimento
que o dia pode nascer
por cima da sorte
dos remorsos
por cima de várias espécies
por cima do tempo
por cima de várias histórias
onde só o homem projeta
conscientemente
a reação

só o homem conhece a culpa
só o homem assombra a lua
a lua que dita
na noite

DEUS IGNORADO

sua bondade parece com a de um deus ignorado
nosso encontro nos espera
na paisagem mais desabitada
em outra esfera
como uma cor desconhecida
ou o gene de um gênio
que ainda não nasceu

o amanhã é tão bonito
porque ainda não aconteceu

tão forte quanto a cura
de uma dúvida
é ter a maravilha
de uma ilusão divina
tão perto de você
ali todo dia
                    invisível
insustentável e pronto
para ser tocado
como um deus ignorado

NA HORA EM QUE EU ME PERDER

tenho que escolher com calma
minha próxima loucura
onde quase todo mundo se droga
eu queria mesmo era ver
um exército de professores
disparando a cura
numa substância interna
que te faça entender
que muitos de nós precisam se render

eu não quero machucar ninguém
na hora em que eu me perder

eu não quero que você venha comigo
ao lugar onde o sal tempera a vida
mas não fecha a ferida
até saúde demais faz mal

mas eles muitas vezes precisam
do que condenam
eu preciso sair para me ver

num espaço em que eu possa entender
porque a ansiedade é a morte
antes da morte se comprometer

eu não quero machucar ninguém
na hora em que eu me perder

JUVENTUDE RARA

juventude rara
é aquela que dura

como suicidas
que tiram os sapatos
eu não queria
encarar o tempo
com essas páginas
   letras esfoladas
e peles escritas pelo cotidiano
são honestas como um berro
que não levará a um soco
que não levará ao remorço
que não levará a um corte que
não levará ao peso
do que ficou escrito
nos sapatos
de quem pulou fora
do que as surpresas prometiam

juventude rara
é aquela que dura
sem temer o que a mocidade diria
se não tivesse linhas pra desobedecer

QUE ESSE DIA SEJA MEU

às vezes
não é fácil dizer quem ganhou
às vezes não é fácil
acusar quem perdeu
mas eu só quero que esse dia
seja meu

porque nós realmente tentamos
eu e você
e tantos outros
ardemos na história
e suamos sem corromper
mas durante as próximas horas
sou eu quem vai dizer
"sem culpa"
que eu só quero que esse dia
seja meu

ter só por hoje a sensação
que os doentes
é que controlam
o hospital
viciados em vida
acima do bem e do mal
porque às vezes
não é fácil dizer quem ganhou
ou acusar quem perdeu
mas eu só quero que nas próximas horas
esse dia seja meu

REVOLTA DOS AGRADECIDOS

eu sussurrei no teu ouvido
fiz respiração boca a boca
eu te beijei
eu te chamei
te pintei
te tatuei
te cantei
medi tua pressão
te procurei no lugar mais errado
numa seringa
no chão
na casa que leva seu nome
no canto da televisão
e no final
esmurrei a sua cara
pra ver se você acordava
foi então que senti no peito
onde você estava
era no meu silêncio que você
me escutava
no meu silêncio você gritava comigo
como mil punhos pra cima
na revolta dos agradecidos

FICA COMIGO

fica comigo
não deixa o sangue
desbotar dessas palavras
fica comigo
continue me olhando nos olhos
enquanto e depois de capotar
fica comigo
não me deixe desgrudar
deixe que a palavra proponha
por nós a consequência
como a herança da essência
como uma missa sem canto
que mereça ser ouvida
ou uma missão sem medo
de não ser cumprida
por estar como o ar
tão simplesmente envolvido
numa reza sublinhada pelo vento
e esbarrada no papel
como lama de lágrimas
ou como um grande guardanapo
de suor e sorriso

fica comigo até o meu papel acabar
foi tudo que ele me disse
ouvindo o que tinha gravado
com um baseado na boca
seu término roendo no peito
e um olhar passeando no céu

meu maior orgulho é saber
que ele que não me conheceu
mas me acolheu em sua última casa
na sua última esquina
do alto do seu morro do adeus
sem saber que eu era impróprio
pra tamanha despedida
fica comigo
fica

LUZES AMARELAS

interrompendo a escuridão da estrada
luzes amarelas
iluminam a arquitetura decepcionada
em grandes estacionamentos
esperando por nada
churrascarias abandonadas
um esqueleto de borracharia
um outdoor descascado
com uma família sorrindo
para uma grande empreendimento
                                        que não veio
sorrindo sobre o ponto da piranha
que tá quase indo embora
pra sorrir em qualquer lugar longe dali

aos poucos a cidade vai chegando
pelos passos dos homens
voltando do trabalho
pra suas casas desoladas
pros seus medos comuns
pros seus futuros internos
como sombras estáticas
envelhecendo por elas
as previsíveis e singelas
tais luzes amarelas

DALI

ele tapou com um papel de bíblia o sangramento
e se sentou no último banco do seu passado
viu a sugestão tirar seu povo dali
ele que sempre andou correndo
mas sempre andou por ali

agora
o barraco tava num bom preço pra vender
e as contas chegavam
cobrando uma cidadania que nunca teremos
muitos se mudavam sem pensar
muitos pensavam sem mudar
o foco
do destino
do ritmo
do movimento
que os levavam embora
pra outra vida pendurada
pelos desejos maiores
dos maiores
que sempre quiseram a vista
e nos deram o prazo
sem discutir

me lembro
dos garotos batendo palmas
pra chegada dos fardados
e do caminhão levando os móveis

pra longe dali

UMA ILHA

alguém com um gesso sujo no braço direito
joga vasos no canal
vasos de planta na corrente
querendo fazer uma ilha

aqueles vasos boiavam
por um propósito mais bonito
que os orientais que passaram pelo gelo
famintos
até virarem índios sem querer
era um consórcio de um novo mundo
atirada gentilmente da muda até a ponte
da ponte até o mar
do mar até a unica coisa que eu podia ser
os vasos de planta na corrente
querendo fazer um ilha
em seu passaporte includente
os dados se confundiam
para anunciar que ele não era
nem profissão, nem lugar
era o que esperava no que via
em pé
nos cacos da ilha

em seu passaporte sem norte
estava escrito: onde o amor e ódio
encaram suas sombras pela mesma luz
em seu documento de transposição
tinha a mesma palavra
pra destino, partida e chão
todo poema funda uma nação

SONHAR

NINHOS DE PAPEL

linhas verdes, penas, plumas artérias e pés

plantaram ovos
em nossos sonhos
e eu acordo e faço ninhos de papel
engravidados de ideias

linhas verdes penas, plumas, artérias e pés

são meus bichos
voando por aí
procurando outro caminho
a seguir
com medo de me assustar
mesmo quando são lindos
eles fazem o favor
de me escapar

linhas verdes, penas, plumas artérias e pés

parece até que eu sou o criador
parece até que isso pode me agradar

A BATALHA DE PATRICK

Patrick perdeu cedo cedo seu pai, mesmo assim continuou a brincar. sua ampulheta não era mais que um pó colorido caindo em cascata por cima dos dias. então veio o mercado, o trabalho, o mercado do trabalho, as grandes conquistas, o orgulho, as viagens e todo sacrifício por ela e pra ela. até o amor e a saúde virarem uma doença só. e ele teve que procurar e achar no quartinho das coisas despercebidas, as velhas fotos de sua identidade. e esbarrar sem querer com a ampulheta outra vez, ali, silenciosa, medindo pouca coisa para acabar de ser. aí começou a verdadeira batalha de Patrick. estar na memória de alguém depois da sombra da despedida. quando morremos nos outros, nascemos por nós

OSSOS DESENCONTRADOS

quem olha assim
parece que seus olhos
são de um bêbado
botando fichas na máquina
de vídeo-poker

quem olha assim
parece que seus ossos
desencontrados
carregam o susto do cansaço
tonteiras, reinícios
o destino escrito com mijo

quem olha assim
parece que seu sorriso carrega
a saudade de quem não se espera
é que isso seria
o mais pesado a ela

quem olha assim
não vê a alma dos encurralados
quem olha assim
não vê que o maior estrago
já habitava um amor tão grande
quanto desavisado

A FÉ, O SUJEITO E O HOMEM

A história de um sujeito que perde a fé e da fé que perde o sujeito
quando encontram um homem, os dois precisam se emendar
a fé e o sujeito se reúnem pra salvar o outro

tinha medo de dormir sem o cansaço
e ver a noite caducar o amanhã
andava por dentro de si como se tivesse a quem temer

a fé, o sujeito e o homem

andava dentro de si
por aí
andava por ai pra onde veio
com cordas de subir carregadas com peso
de quem segura um navio
de não-vindas
não boiava na maré dos dias há tempo

a fé, o sujeito e o homem

desconfiava da fé
e a fé desconfiava dele
um não deixava o outro em paz
até que tiveram que cuidar de quem não queriam
tiveram que cuidar do homem

a fé, o sujeito e o homem

e a fé lhe viu na escuridão de um mar com pedras
como se fosse a necessidade da alma
todos tiveram que acreditar em seu propósito
praianou o dia
com os dois deitados ao lado
de um homem desmaiado na beirada das ondas

a fé, o sujeito e o homem

na beirada desse vai e vem
onde os náufragos conhecem a terra
sem entender o chão que a tormenta traz
e pelo outro – mesmo que desmaiado –
se viram todos orientados
na sombra do norte que procurávamos

a fé, o sujeito e o homem

viraram um novo povo
descoberto
ciganos da mesma engrenagem
que tínhamos como missão
sermos
um ser seco sob o sol
um novo povo descoberto
tentando ser um só

a fé, o sujeito e o homem

QUANDO JASON POLLOCK SORRIU

onde a arte não vale nada
ferrugens decentes
a corrupção e a cocaína
no espelho do banheiro
o barulho do silêncio
limpeza e sinismo

uma janela absoluta cresceu além do corpo
capricho
preferiu segurar a mão e não falar
não perco tempo me vendo de fora

Benjamin nasceu rindo
fizeram um churrasco triste
leite podre amamentado
subterrâneos
pão com raiva
a atenção em desespero

uma chuva de ovos
dava para ouvir a gargalhada da socialite

aquela criança sem braço
que nunca te pediu nada

lá pelo tempo dos dias
eu precisava ouvir sua voz

não tinha substância humana
zumbis bem vestidos

fecho os olhos
e sei que vou te ver até meu último dia

fogos de dia
lustres sobre o gramado

a casa do perdão absolvido
minimundos

velas a beira do rio
um plus de luz

fósforo branco descrevendo a surpresa das cores
as surpresas que nos fazem bem

INSÔNIA

(feito de improviso no dia 03/09/2011)

agora eu tô num momento
em que a insônia me dá tonteira
tô reparando que a minha falta de descanço
desafia o tempo
me faz mal
mas não me traz espanto
pois sou acustumado a ser o que sou
quando as pessoas dormem
vejo minha virtudes
um pouco melhor
sobre a cidade de corpos inertes
sobre o cansaço do pós-sexo
a margem das reclamações do amor
uso o silêncio para não me distrair
pra onde vou
pode tá tudo errado
mas sinceramente
está tudo mais quieto
eu posso tá parado
mas to correndo por todos os lados
do que percebi
e temi em mim
agora eu tô num momento
em que a insônia tá me deixando tonto
e eu não sei mais o que é o certo
mas antes de dormir
só eu posso perguntar
a mim

POR UMA MANHÃ A MAIS

tô pronto pra desafiar
e tô pronto pra ser desafiado
por uma manhã
a mais
por uma manhã a mais
tô pronto pra ser
condenado
por um crime que cometi
por não desconfiar da vida
tô doido pra ser
um viva voz entusiasmado
apesar de mim
além de mim
por você
estou pronto pra morrer
por vida
e por uma manhã
a mais
por uma manhã
a mais

ERRE MAS NÃO ME TESTE

lá no jardim
crianças exalam
um amor à capela
que não convence mais o povo da sala
o povo da sala que não ouve mais o jardim

o som que não consegue repetir ao outro
se perde quando o coração sufoca
e o temor da intimidade
vem mesmo com sabor do gozo
o convívio líquido
começa a nos afogar
numa onda que arde na alma
quando brincamos de permanecer
prestes a não merecê-lo
entao o amor me disse:
erre
mas não me teste não

quando o amor dedura
o que fazemos de pior em seu nome
em torno do seu calor
perseguindo o seu avesso
sem trégua nem pudor
brincamos de não merecê-lo
brincamos de não entendê-lo
brincamos de não escutá-lo
então o amor me disse:
erre
mas não me teste

lá no jardim
crianças exalam de graça
um carinho à capela
que não convence mais o povo da sala
o povo da sala que não ouve mais o jardim

MARILENE E EU

marilene e eu
marilene e eu
ríamos da sorte
sem saber que tínhamos sorte de rir
abrindo as cortinas
pra que o sol
caísse
sobre nosso encontro
antes que pudéssemos fugir

marilene e eu
marilene e eu

ameaçamos ter as belas raízes
apesar das minhas tolices
ela me mostrou que anjos tortos
continuam anjos
antes do carro capotar
e seus olhos de criança
escaparem pela janela
do meu medo

BEIJOS COM PASTA DE DENTE

com sorrisos entregues
ao fundo dos olhos
e a mão segurando
e focando meu rosto
na tentativa de preservar
um mundo a dois
você ficou
mas ficou por ali
porque eu tentei
antes
me dissolver
daquele semblante
calado e escorrido por mim
que me disse
com a dor de uma faca quente
que o amor é assim

porque aquela dor
como qualquer início
não se desbotou?
eu não sei

só sei que somos
também parte do que
não queremos

como todo rio claro
que carrega flagelos de lama
ou todo remorço possível
nas noites de um agressor

parece que o que sou
é a densidade de tudo que não chorei
quando descobri
que o amor é assim

já não quero amar
quero ser o amor
não quero tê-lo
quero sê-lo
não entendê-lo
mas existir por ele
e transportar momentos
frequentes
em momentos singelos
como beijos com pasta de dente

porque sê-lo
pra nós
não é doer sem culpa
é não pensar na culpa
da dor
tudo de bom
ser
apesar de tudo
admirar o trovão
sua manifestação
independente do estrago no chão

TESTEMUNHOS DE JOSUÉ

Josué poderia ter dito
que o sol é um inferno
que dá vida ao mundo
Josué poderia ter dito
que quando falamos que não temos tempo a perder
o tempo já nos perdeu
e eu só queria poder acreditar
no que ele poderia ter dito
e te ver depois da dívida
num lugar depois daqui
onde iríamos comemorar enfim
quebrando os bens de todos os reis depostos
por todas as vezes que os enfrentamos
nós com pedras e motivos
e eles com os rumos proféticos dos equívocos
Josué poderia ter dito
na voz recente das crianças
amém

ASSIM É A ÁGUA

disseram que o mar é perigoso
mas ele é apenas mar
disseram que a terra vai se vingar
mas ela é apenas terra
disseram que o infinito tem final
mas ele é apenas
algo que ainda não foi visto
sem culpa, sem medo, sem rancor ou raiva

assim é a água
do jeito que você interage com ela
ela te dá vida ou mágoa

disseram que o amor te faz sofrer
mas ele te dá vida

disseram que o amor
te faz sofrer
mas ele é que te dá a você
disseram que a luta é desigual
mas é apenas ser ou nao ser
disseram que o fruto vem pra insistir
mas ele também desiste
sem culpa, sem medo, sem rancor ou raiva

assim é a água
do jeito que voce interagir
ela te dá vida ou mágoa

assim é a água
mundo e submundo de nós

GORÓ

devia ser umas duas horas quando meu irmão mais velho chegou dizendo que meu cachorro Goró tava morrendo.
eu dei um pulo da cama, mais uma vez culpado por ter dormido até tarde.
saí correndo e o encontrei deitado do lado de fora da porta da cozinha.
e eu, pra me recuperar do nó automaticamente instalado na garganta, comecei a falar com ele tentando lhe dizer tudo que ele representava pra mim, tipo uma tia velha com o sobrinho mais novo.
grandes palavras ditas no diminutivo.
foi aí que ele abriu os olhos numa pré-frase sem som, dizendo que ainda estava ali.
corremos então pra pegar o novo aparelho daquela grande marca chinesa e colocamos eletrodos na cabeça do moribundo Goró.
quando ligamos o monitor pra assistirmos, pela primeira vez, o registro da memória de alguém, nós, modernos primatas, em volta daquela nova fogueira holográfica, vimos as últimas imagens, das melhores lembranças do cachorro que eu mais gostei na vida.
a grande surpresa veio junto as imagens de Goró em seus melhores momentos.
eram várias imagens dele se vendo numa antiga filmagem, ainda numa tv.
foi então que me toquei, que ele realmente sabia quem era, e porque estava ali, e que aquele era o aparelho mais prazeroso, contundente e avançado que a humanidade poderia ter criado.
através dele eu pude ter a certeza que um dos seres que mais amei, aceitava partir pra outra feliz, sem ressentimento.
Goró morreu há exatos 21 dias depois de hoje.
e a empresa chinesa já planeja lançar em breve o overphone,
máquina para falar com os mortos, psicografada para um dos seus cientistas, por ninguém menos que Chico Xavier. eu morri dois anos depois de escrever essa mensagem pela primeira vez. morri na idade da pedra, na idade da pedra nos rins.
mas aí, Pedro, diz pra geral que valeu!

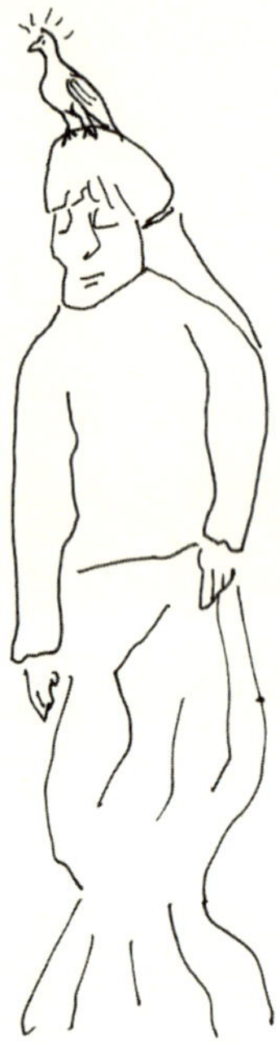

A CIDADE DO AMPARO

e de repente eles sacaram que aquele lugar não era
uma casa de cura
era uma casa de manutenção
não interessava a ninguém ali
a saúde das opiniões
era preciso que o corpo fraquejado
não sustentasse sua própria decisão
pelo argumento da proteção
pelo argumento da dedicação
todo aquele espaço era cercado pelas grades
de uma material egoísta e familiar
chamado culpa
a culpa era distribuída como senha errada para saída
o pai nosso era tatuado no braço de quem batia
juras de amor eram profanadas com o ódio
de quem achava me fazer bem

na cidade do amparo
querer a fuga
é zelar pela única saúde
que se tem

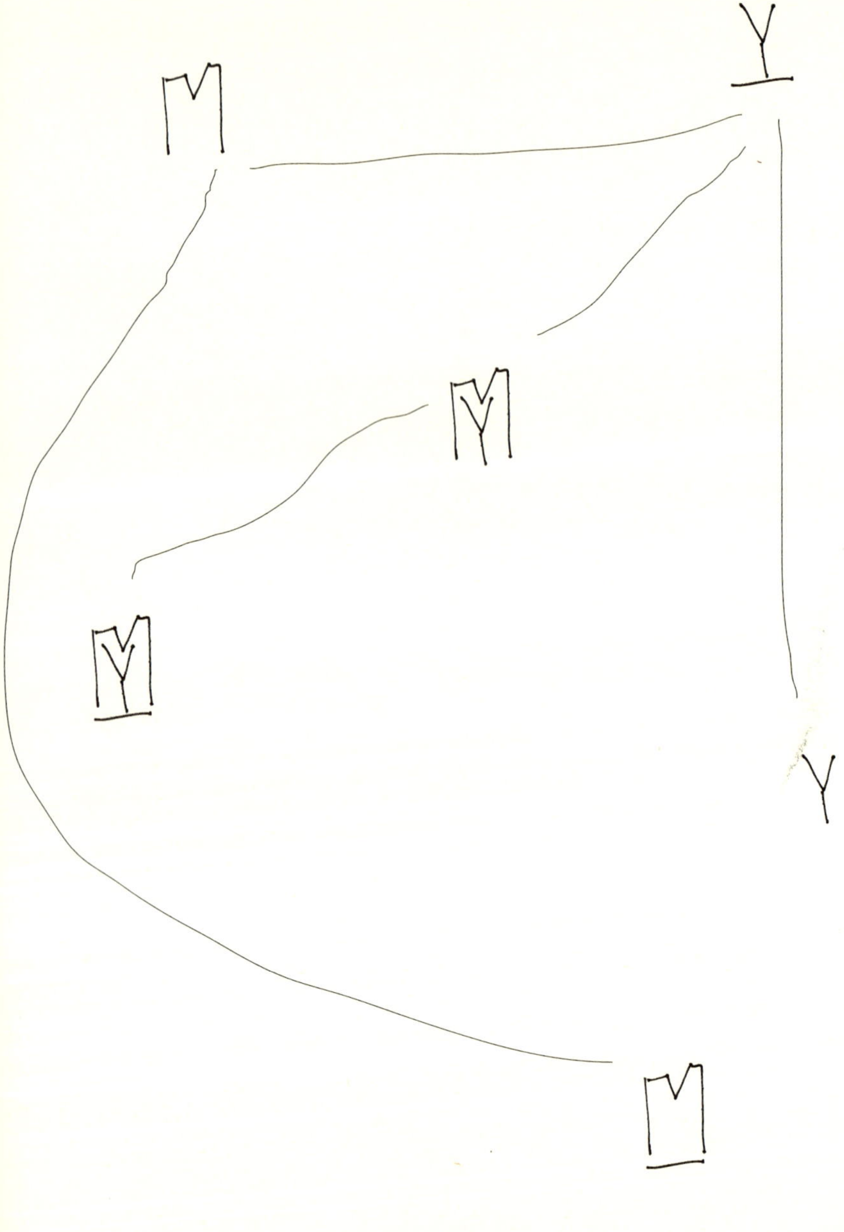

M.Y. TO

o mito do homem
repousa em seu próprio absurdo
achar que seus olhos
são os aparelhos mais precisos
pra ver o que dá para ser visto
o mito do homem
repousa em seu próprio absurdo
achar que seus cálculos
podem medir o destino do que dá para ser medido
o mito do homem
precisa de outros sentidos para ser sentido
ele precisa ser abatido
ele precisa ter a coragem de pular de seu próprio edifício
pra continuar de pé
erguido
pra ser nascido e renascido
pra continuar vivo e mantido
destróóóói!

ócio :

rabiscos feitos pra um rock de caboclada
tocado e anunciado
num computador das casas bahia

ÓCIO

QUER FUDER FODE

quer fuder fode
num quer fuder num fode
quer fuder com o motorista
beleza
quer fuder com sua amiga francesa
beleza
quer fuder com homens,
mulheres
objetos,
com suas dúvidas ou certezas
com sua própria beleza
beleza
quer fuder no carro
em Berlim
na escada ou no camarim
na boca
no cu ou na buceta
dar pra um fotógrafo chileno
em cima da mesa
por fama ou por dindin
tá tudo beleza
só não vem pensar
lá no fundo
que isso te faz mais moderna
porque os gregos
romanos
os primeiros primatas
ou os tupinambás
já faziam isso tudo e mais
muito tempo atrás

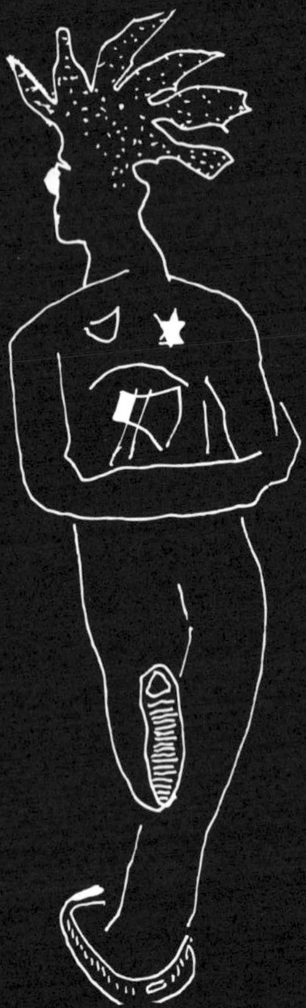

AQUELE CABELEIREIRO SEU

eu não queria ter conhecido Maomé
Jesus
Gandhi ou Darcy Ribeiro
eu não queria conhecer
ou ser conhecido
no mundo inteiro
eu só queria estar na lista vip
do Eike Batista
do Zé Dirceu
ou daquele famoso cabeleireiro seu

eu não queria conhecer o Caetano
eu não queria ser um famoso
político alagoano
eu não queria conhecer Robert de Niro
Eduardo Galeano
eu só queria estar na lista vip
do Eike Batista
do Zé Dirceu
ou daquele famoso cabeleireiro seu

para ser um rei de verdade
tem que se ter dinheiro
poder
mas acima de tudo
um cabelo mais maneiro que o meu

eu só queria estar na lista vip
daquele famoso cabeleireiro seu

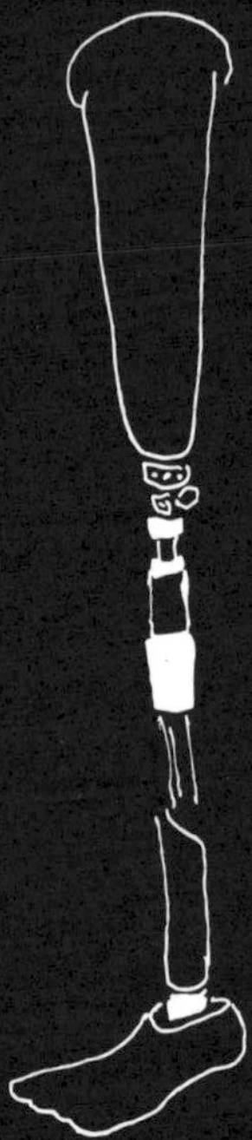

ROMÁRIO

precisamos urgentemente de um Romário da ciência
trazendo da Vila da Penha para o mundo
novas influências
que ele venha da química do acaso
ou do drible natural dos gênios
que tem quase um criminoso senso
técnico e malemolente
desfilando em carro aberto
na avenida Suburbana
como um Fidel
pelas ruas de Havana

O CRENTE

seus desejos, o seu talento, seus contatos e sua estratégia
na hora de escolher como e com quem gozar
nunca traíram seu ego
lhe trazendo sucesso

suas habilidades, sua simpatia, seus amigos influentes
junto com seu olhar distante
nunca traíram seu ego
lhe trazendo sucesso

eu me lembro de você
como uma estátua de pó
eu me lembro de você
sendo o mais errado e o melhor

abrindo champanhe em Paris
eu me lembro de você
tentando ser o que você sempre quis
ser amado e adorado
antes do amanhecer

só que você virou aquele bebê da capa do nirvana
nadando atrás do dinheiro
crente crente que o anzol não pega gente bacana
como o bebê do nirvana

matem matem matem
matem matem matem
matem matem matem
matem-no agora
matem matem matem
matem matem matem
matem matem matem
matem-no agora
matem matem matem
matem matem matem
matem matem matem
matem-no agora
matem matem matem
matem matem matem
matem matem matem
matem-no agora
matem matem matem
matem matem matem
matem matem matem
matem-no agora
matem matem matem
matem matem matem
matem matem matem
matem-no agora
matem matem matem
matem matem matem
matem matem matem
matem-no agora
matem o matemático
matem agora
antes que ele conte
porra!!!!!!!!!!!!!!!!!!!!!!!!!!!!

SURREALISMO POP

crianças que envelheceram
pra descobrir que seus ursinhos são maus
que eles em algum momento
darão alergia à alegria
e são fruto de algum canalha distante
que compra o presente de alguém
por migalhas tóxicas
pra fazer presentes
entrarem nos sonhos
com olhos que não se movem
e escravizam ternuras
que um dia serão vingados
por um grupo de insurgentes
que usa como arma
o surrealismo pop

O VÍCIO DE SI

demônios românticos
jovens e bem nascidos
como brotos de tabaco
desmaiando em pleno ar
fumaça de um cigarro qualquer
correndo o risco de virarem
vício de si
tipo um rock que falhou
se não acharem
o fogo certo pra queimar
e a culpa certa
pra odiarem por todos nós

até lá
tenho medo do adulto
que serei por merecer

TERRORISTAS DO PLAYGROUND

será que nas igrejas
dos jovens empresários da barra
pobres ganham porrada?
será que os terroristas do playground
exorcizam seus medos
queimando índios
batendo em empregadas
espancando bichas com um falso sabre de luz
ou com uma cruz?

pobres mesmo são
os jovens empresários da barra
que vão a igreja
e toda sexta cheiram

FOSSIL

CRIATURAS DO PRÉ-SAL

e de repente
no meio da baía de Guanabara
surgiu uma gigantesca
bola de lama
cravejada com lixo da história
parecia uma obra
de Vik Muniz
abstrata
se movendo rapidamente
em direção a Lapa

chegando lá
de dentro dela saíram
as criaturas do pré-sal
e começaram o mais incrível carnaval
distribuindo dinheiro
do fundo da merda,
do óleo e do lamaçal
pra geral
poder fazer seu
audiovisual
e viva as criaturas do pré-sal
e viva o nosso audiovisual!

LAMENTÁVEL JUCA

Lamentável Juca era um garoto que
quase não falava, metia a mão no pau
e cheirava, lambia o catarro que escorria do nariz
não fazia coisa além de só observar
às vezes ria sem som das minhas palhaçadas
outro dia ele me parou numa dura
virou PM.
foi a dura mais silenciosa e demorada que já tive quando
terminou ele falou "pode ir" e saiu
olhei pelo espelho.
esperava por algo que me dissesse que realmente era ele
e ele sem perceber, coçou o pau e sorriu

O CHEIRO

é lá
lá em cima
que moram os homens que assinam
as demissões

pra chegar lá
só pela entrada
de serviço
que é cercada e monitorada
vinte e quatro horas
por robôs bem vestidos

seus filhos não sabem muito bem
que são diferentes de nós
mas seria difícil
entrar escondidos no meio deles
porque temos alguma coisa
que não iria passar batido
seria nosso cheiro
até algo mais explícito

onde a moral compra drogas?

NOMES DE FAMÍLIA

quando o cristo rachou
não caiu nas telas
de um filme trágico americano
caiu sobre o inferno óbvio
e imprevisível dos semi-humanos
estremecedor
provocando ondas de hipocrisia
jamais vistas

sobre uma cambada de autoridades
no balanço da bandidagem
querendo a autoria do medo
a autoria que já nasceu perdida

é tudo um remix de teatro
e sociologia
consumindo vidas

é tudo uma grande economia
que consome dias

enquanto a cidade ardia
eles dormiam na blindagem
de seus nomes de família

SPAM

OS COVARDES PRECISAM SER CHAMADOS
OS COVARDES PRECISAM SER CHAMADOS
DE COVARDE....URGENTEMENTE.....URGENTEMENTE
DE COVARDE

OS COVARDES PRECISAM SER CHAMADOS

DE COVARDE....URGENTEMENTE.....URGENTEMENTE
OS COVARDES PRECISAM SER CHAMADOS
OS COVARDES PRECISAM SER CHAMADOS
DE COVARDE
DE COVARDE
OS COVARDES PRECISAM SER CHAMADOS
OS COVARDES PRECISAM SER CHAMADOS
DE COVARDE
DE COVARDE....URGENTEMENTE.....URGENTEMENTE
OS COVARDES PRECISAM SER CHAMADOS

DE COVARDE....URGENTEMENTE.....URGENTEMENTE

OS COVARDES PRECISAM SER CHAMADOS

DE COVARDE....
COVARDE

COVARDE
COVARDE
COVARDE

COVARDE
COVARDE
COVARDE
COVARDE

OS COVARDES PRECISAM SER CHAMADOS

DE COVARDE
OS COVARDES PRECISAM SER CHAMADOS

DE COVARDE....URGENTEMENTE.....URGENTEMENTE
OS COVARDES PRECISAM SER CHAMADOS

DE COVARDE....URGENTEMENTE.....URGENTEMENTE

OS COVARDES PRECISAM SER CHAMADOS

DE COVARDE....URGENTEMENTE.....URGENTEMENTE
OS COVARDES PRECISAM SER CHAMADOS

DE COVARDE....URGENTEMENTE.....URGENTEMENTE
URGENTEMENTE.....URGENTEMENTE

URGENTEMENTE.....URGENTEMENTE
URGENTEMENTE.....URGENTEMENTE

OS COVARDES PRECISAM SER CHAMADOS
OS COVARDES PRECISAM SER CHAMADOS
DE COVARDE....URGENTEMENTE.....URGENTEMENTE
DE COVARDE

OS COVARDES PRECISAM SER CHAMADOS

DE COVARDE....URGENTEMENTE.....URGENTEMENTE
OS COVARDES PRECISAM SER CHAMADOS
OS COVARDES PRECISAM SER CHAMADOS
DE COVARDE
DE COVARDE
OS COVARDES PRECISAM SER CHAMADOS
OS COVARDES PRECISAM SER CHAMADOS
DE COVARDE
DE COVARDE....URGENTEMENTE.....URGENTEMENTE
OS COVARDES PRECISAM SER CHAMADOS

DE COVARDE....URGENTEMENTE.....URGENTEMENTE

OS COVARDES PRECISAM SER CHAMADOS

DE COVARDE....
COVARDE

COVARDE
COVARDE
COVARDE

COVARDE
COVARDE
COVARDE
COVARDE
OS COVARDES PRECISAM SER CHAMADOS

DE COVARDE
OS COVARDES PRECISAM SER CHAMADOS

DE COVARDE....URGENTEMENTE.....URGENTEMENTE
OS COVARDES PRECISAM SER CHAMADOS

DE COVARDE....URGENTEMENTE.....URGENTEMENTE

OS COVARDES PRECISAM SER CHAMADOS

DE COVARDE....URGENTEMENTE.....URGENTEMENTE
OS COVARDES PRECISAM SER CHAMADOS

DE COVARDE....URGENTEMENTE.....URGENTEMENTE
URGENTEMENTE.....URGENTEMENTE

URGENTEMENTE.....URGENTEMENTE
URGENTEMENTE.....URGENTEMENTE

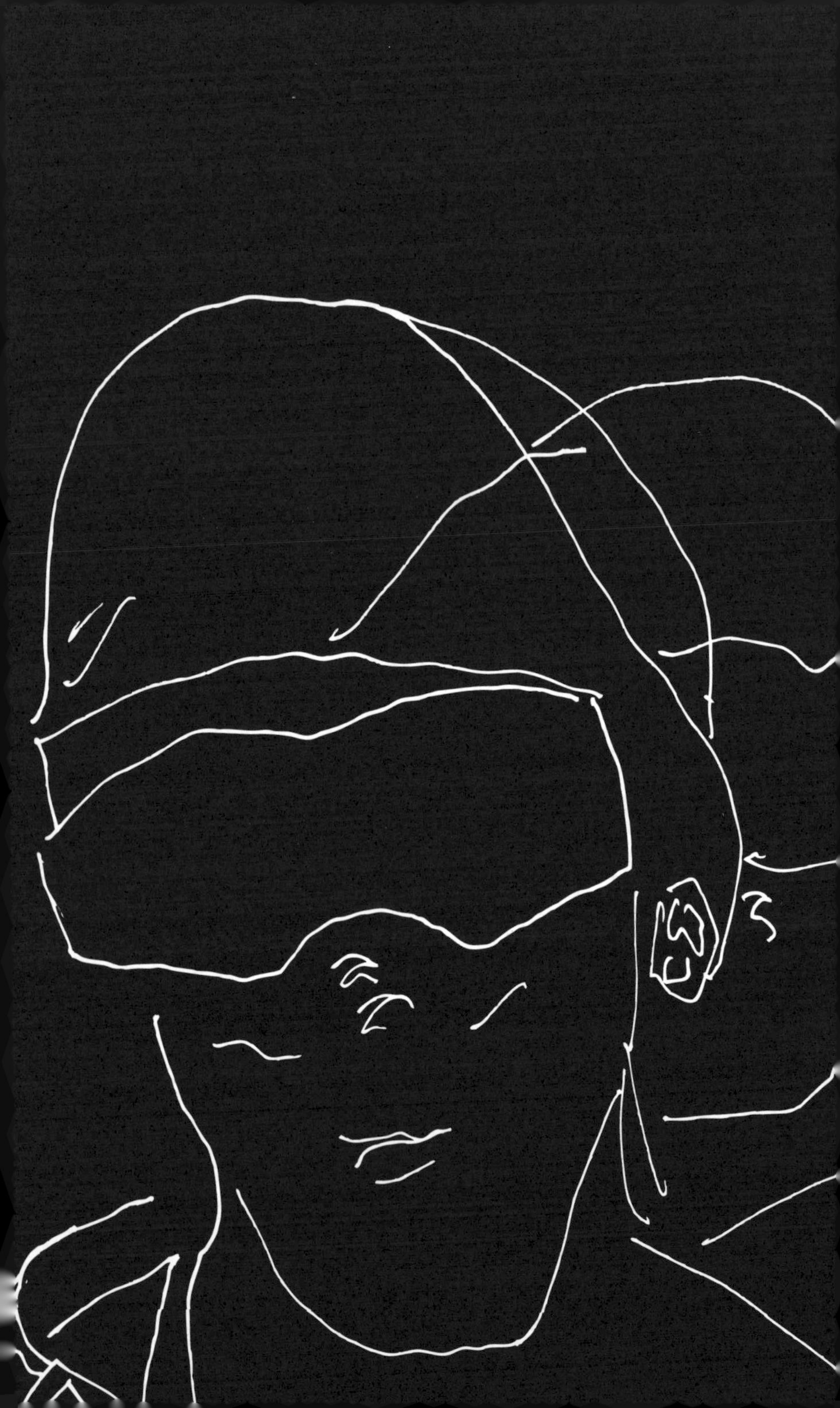

ARMAS SOB CONTROLE

armas sob controle
disparam razões perdidas
pelo único objeto
tão determinante e delirante
quanto dinheiro em caixa

armas sob controle
não descansam jamais
escondidas nas calças do mundo
inteiro
esperando quem cairá primeiro
jovens na mira
jovens no ócio
todos clientes do negócio

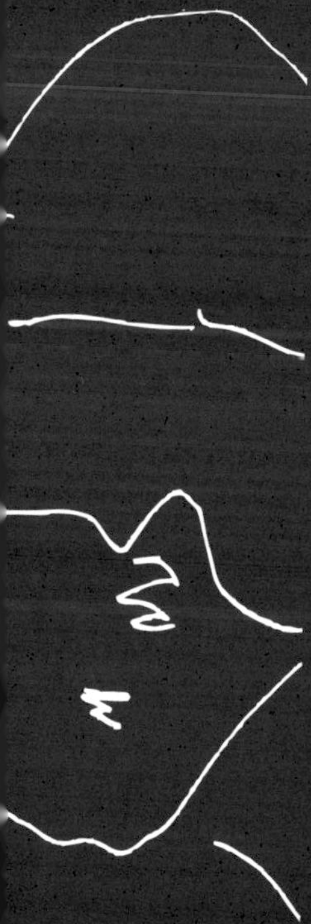

MOVIMENTO DA MASSA

vou te falar
que quando eu vou ao Maracanã
pode o meu time tá ganhando ou perdendo
de goleada
que fico emocionado
chorando
com o movimento da massa
    o movimento da massa
    o movimento da massa

e quando a multidão
do bola preta
sai pra rua
pra pular, brincar
sem nenhuma ocorrência policial
eu fico lá no canto
chorando vendo quem passará
no movimento da massa
 o movimento da massa
 o movimento da massa

o incrível movimento da massa

CHOQUE DE ORDEM

a porrada comeu
a porada comeu
quando o choque de ordem
foi tirar da rua
o churrasquinho dum amigo meu

a porrada comeu
a porrada comeu
porque neguinho trabalha
pra caralho
e depois do expediente
junta as carnes
a cerveja, guaraná e aguardente
mas não tem nada de mais
que justifique
acabar com a diversão da gente

a porrada comeu
no churrasco de rua
de um amigo meu
a porrada comeu

foi tudo rateado
ninguém vendia nada
eles já tinham pedido
um dinheiro pra deixar continuar
o samba e a bebida de casco
mas a gente não deu

e a porrada comeu
contra o choque de ordem
no churrasco de um amigo meu
a porrada comeu

SE TUDO DER ERRADO

para Nelson Meireles

se tudo der errado
nós ganhamos por w.o.
se tudo der errado
os helicópteros ocuparão
o lugar dos anjos
no nosso imaginário

se tudo der errado
ainda teremos
alguém no meio do caos
comemorando o aniversário

se tudo der errado
eu prefiro ser errante
do que solitário

se tudo der errado
que tenhamos a coragem
de admitir
como último apelo
que o mundo é lindo
e nossos fantasmas
estão vindo do espelho

MP3

Jimi Hendrix toca fogo na maldade
e a reencarnação de Tim Maia
vem do nada pra dizer que vale tudo
quero uma canção que não nos deixe impune
quero sangrar um ponto de vista
que Clementina cante outras maneiras de vadiar
quero qualquer identidade negada
antes de você me negar
no meu mp3 simbólico
a beleza me é sempre mais bela
quando não se mancha de seu lugar
distraída
saravando meu olhar

VENENO DE RATO

ela não queria morrer
queria que a dor passasse
como falar sobre isso com quem você ama?
como falar sobre isso com quem ama você?

fomes psicológicas
veneno de rato

achar que sua consciência do fato
pode ser maior que a vida
veneno de rato

subir ao ponto de não imaginar a queda
veneno de rato

todas as decepções contra a seratonina
veneno de rato

a última vingança
veneno de rato

bebês não se suicidam
bebês não usam pra nada
veneno de rato

OS ANJOS DA CARNIÇA

como a chuva quente que cai
ao redor das fábricas de aço
eles já chegam sobriamente sujos
se fincam no chão
– mais fértil ao desespero –
e montam seus casulos

seu crescimento rápido
se nutre da falta de escrúpulos
na mesma velocidade
que as suas plumas alcançam
a beleza midiática dos clichê sociais

os anjos da carniça
lançam seus voos pessoais
movidos a traficantes curados
a discursos repressores
que soam como a bondade do medo
travestidos por um show de luzes
refratando as lágrimas
e os sucessos dos sem-sorte
por uma ótica só

os anjos da carniça
não mostram quem ficou no caminho
como tripas na sua digestão
cagando regras sobre massas de manobra
apoiados por corporações que nunca
nunca
eu digo nunca mesmo nos deram "asas"

sobem na arrogância alada
de quem estiver no controle
são figuras de contenção
como falcões da sugestão
desfilando sem correntes
sobre o ombro do poder

os anjos da carniça
se alimentam da fome
se criam como heróis do gueto
benevolentes
financiados por super poderes
que prometem tudo
menos a liberdade provocante de pensar
porque aí seria dar aos outros
a mesma variante
pra voar
pra voar

QUEIMA DE ARQUIVO

PARADOXO

Sangueaudiência F.U.R.T.O. (2005)

eu sou um misto de cinemas
convertidos com funk de laje
desenhos japoneses e pelada de rua
doce de Cosme e Damião versus televisão
caixa de fósforo com MPC
subciências
equações de um desastre previsível

olhos negros de olhar azul
ao lado dela
mãe demais para ser jovem

no país do paradoxo
o ilegal transmitido ainda não é cultural
pois a maioria de nós como povo
ainda possui poucas virtudes para o mal

eu sou um misto de ossadas indigentes
ao lado do cadáver de Tim Lopes
com fliperama violento de boteco
Informação para desviciar os olhos
versus a verdade como um bem caro demais
narcodeputados e um religioso ex-viciado
são equações de um desastre previsível

olhos negros de olhar azul
ao lado dela
mãe demais para ser jovem

pois a maioria de nós como povo
ainda possui poucas virtudes para o mal

OS ÓCULOS ESCUROS DE CARTOLA

Orquestra Klaxon MAX DE CASTRO (2003)

uma lente negra protege os olhos
dando chance a outros pontos de vista
poesia mantida
poesia cantada
poesia pichada
como consequência de vida
pra que a raiva não nos forme
com o mesmo peso e medida
o povo pobre faz da arte história
como os óculos escuros de ilh

os óculos escuros de Cartola

eu ouço o eco dessa hora
sensibilidade a toda prova
foi-se o corpo
foi-se o cansaço
só não foi embora a necessidade
de ser leve apesar
de tanto peso nas costas
como cerveja gelada depois da obra
verdades sem moda
como os óculos escuros de Cartola

os óculos escuros de Cartola.

CAIO PRA DENTRO

Sangueaudiência F.U.R.T.O. (2005)

caio pra dentro de mim
com a vertigem dos que aprendem
em queda livre
já que tudo mudou
mudou tão de repente
e o ar
em suspensão
só aos poucos me traz a minha lucidez

passado o tempo do baque
superar
me religar com a voz que vem de dentro e grita
que depois da tanto tempo
sangue, sirenes, quartos surdos enfim
todas as transformações

e é ela que cresce pra eu continuar a ser quem sou
que o filme da vida passou e eu fiquei pra ver o fim
pra ver o fim
até o fim

sai do escuro e vem te ver assim
pra ver o fim
até o fim

FLORES NAS ENCOSTAS DO CIMENTO

Sangueaudiência F.U.R.T.O. (2005)

a infiltração no teto fazia marcas
que eu de tanto olhar via as faces mais lindas

para clarear o meu tormento
como flores nas encostas do cimento

antes que o samba vire só um ruído de fundo
eu vou tocar mais alto para ouvir meu coração
porque não existe enredo
do inferno que me tire a emoção

e se as luzes nos roubassem as estrelas
e nosso brilho só nos mostrasse
a silhueta do que poderíamos ser
eu já estive pior e agora posso entender

para clarear o meu tormento
como flores nas encostas do cimento

O QUE SOBROU DO CÉU

Lado A Lado B O RAPPA (2000)

faltou luz mas era dia
o sol invadiu a sala
fez da TV um espelho
refletindo o que a gente esquecia

faltou luz mas era dia

o som das crianças brincando nas ruas
como se fosse um quintal
a cerveja gelada na esquina
como se espantasse o mal
o chá pra curar esta azia
um bom chá pra curar esta azia
todas as ciências de baixa tecnologia
todas as cores escondidas nas nuvens da rotina
pra gente ver
por entre prédios e nós
pra gente ver
o que sobrou do céu

SOMBRA LÍQUIDA

Sangueaudiência F.U.R.T.O. (2005)

o suor das costas que se apresenta
como poesia trêmula de pai pra filho
e até hoje
e quando meu esforço quase não me convence
privatizando a corrente
sanguínea
e ela me persegue mais rápida
que o nosso entendimento
tão lenta quanto nosso perdão

sombra líquida

visto de cima
meu bairro é torto e glorioso
e se parece com o que nos transformamos em nossa fuga
porque a sombra líquida
se te ganha te escurece os olhos
faz a honestidade vulnerável
e aí fica fácil nos tornar quem odiamos

sob o céu vermelho das traçantes
o mesmo passado que nos caça
nos salvou
pouco antes do meu futuro enfatizar em convulsão
eu entendi que caminhar para o fim do túnel
é ouvir um silêncio sem permissão
essa é minha busca e minha intenção

porque lá em casa
mesmo quando não tinha trabalho
só tinha trabalhador

LINDA MÁQUINA

trilha de UTOPIA E BARBÁRIE de SILVIO TENDLER (2010)

linda máquina
me dê um beijo
linda máquina
tente me entender
linda máquina
me die espaço
linda máquina
deixa eu pertencer a você
linda meaquina
pelo seu nome eu vou corromper
linda máquina
pela vaidade deixa eu parecer com você

só não me deixe acordar
desse sonho
pois eu seria capaz de morrer
pra não parar de acreditar
e do seu fruto
eu seria seu verme
e do seu ferro
eu seria a ferrugem
o medo de não temer
na sua forma mais íntima
de grão em grão
de boca em boca
de letra em letra
eu sangraria o sangue
que sangra a você
a você

COISAS TÃO SIMPLES

Sangueaudiência F.U.R.T.O. (2005)

um lençol branco coarando lá em cima do morro zomba
da passeata em desfile lá de baixo
como os garotos vindos de colégio público
zombam do dia que a vida decidir
e somente a rua vai ensinar

os tambores vão falar e rezar e brincar
construindo a identidade
que meu pai me passou e meu filho passará
para amar coisas tão simples
temos que ser mais que eu e você
ver o impacto sem adormecer
pra depois nos deitarmos juntos
sob o sol que de trás da torre vem

tanta gente sem rosto
populares lajes e quintais
viram mestres sufocados pelo estereótipo pesado do
local
mães de leite lutando para alimentar a sua crença
como páginas de um livro xerocado à força

mas quando o básico do mundo fica raro
é que vemos melhor nossas paixões

O REPROCESSO

Apresentação do cd Rappa Mundi O RAPPA (1995)

os pés e a pele são um só
guiados pelo segundo sistema nervoso
que a rua faz em nós.

pés que não jogam na rua dificilmente merecem a camisa dez
e os povos fodem
se fundem
se fodem
e se confundem
ao som dos mantra-raps
difundidos pelos camelôs que gritam
e profetizam
o reprocesso da tecnologia do tão sonhado primeiro mundo

são armas que viram brinquedos made in Paraguai.
e brinquedos que viram armas made in Rio de Janeiro

um filho
um fígado
e um travesti mais barato no
mercado black mundial
é a decepção de Santos Dumont justificada pela esperança
em estado de solidão
onde a rua vira casa
mesa e banho
formas modernas de crime
se parecem com formas modernas de poder e das sucatas
vem o milagre displicente que restou pra gente
a vingança coletiva de continuar em frente

desafiando qualquer religião
custo de vida
vanguarda ou tradição,
pois no final do dia
sem dar satisfação um mendingo reparte
com outro
seu pão,
um velho judeu faz um novo despacho
confiando nos santos
sem magoar Israel
um bando de crianças toma banho no chafariz da candelária
"cagando e andando"... pro bizarro

é quando a gema do caos se aproxima de Deus
colorindo gens
criando diversos mulatos
nossa melhor metade escapa num salto mortal
como fez meu ancestral
rápido como um "rabo-de-arraia"
somos Angola e regional
"aqui e agora" e, ... por aí afora
a capoeira é vida e a vida é capoeira

a gente dança como se fosse luta
a gente luta como se fosse dança

DESTERRO

Sangueaudiência F.U.R.T.O. (2005)

um nordestino de nome Jesus
procurado noite e dia em São Paulo
turcos na Alemanha
um Palestino servindo café em Israel
afro-asiáticos nas ruas de Seatle
e mesmo assim ainda é difícil
ver um beijo multiracial em Hollywood

tu migra e dá de cara com fronteiras
as chaves são as mesmas
inusitados corações

Samuel L. Jackson e Charton Haston
tem a mesma cor
dor da violência
os dois acreditam em armas
os dois abrem portas com dólares e euros

um beijo na pátria amada
ao lado de uma bandeira queimada

braço, é braço,
braço de terra negada
braços pulando os muros do mundo por emprego
braços de refugiados
que apesar de tudo
por um instante
pousam num estado de aleluia
sem religião
desterro,
ah, desterro

GENTE DE LÁ

Sangueaudiência F.U.R.T.O. (2005)

eu vim jogando baralho em pé no trem
com gente que eu nunca tinha visto antes
me apaixonei por um rosto que me sorriu
e desapareceu na multidão
comemorei na rua um título com alguém
que só tinha a mesma camisa que eu
contei minha vida pro cara da cerveja ao lado
e no sábado encontrei alguém
que me conhecia muito bem
mas eu não sabia o nome de quem

mas há um cheiro de pneu queimado no ar

e não vou na minha tia há muito tempo
larguei o colégio ao lado quando a coisa apertou
e joguei fora as minhas calças vermelhas
que um amigo me deu
fronteiras impostas
pistolas mais novas
braços mais magros e mais violentos
eu não devo nada a ninguém
no meu comando invisível que às vezes
só aparece na cor inevitável do medo
de ser confundido com alguém
que duvide da minha carteira assassinada de trabalho
banalizando a queda de mais um
no paradeiro mais cruel da minha área

mas há um cheiro de pneu queimado no ar
e essa gente de lá

já faz mais de um ano que não posso ver
e essa banda de lá
já faz mais de um ano que não posso ir
e essa gente de lá
já faz mais de um ano que não posso ver

comando vermelho
comando G8
terceiro comando
comando banco mundial
BID PCC FMI
amigos dos amigos
the enemy of the enemy
comando dos comandos
fronteiras das fronteiras
de Washington a Síria
da Maré a Fazendinha
cuidado onde há fumaça há outro fogo
e quem controla esse jogo
vicia muitos em gasolina
para vender armas mais barato nas esquinas

e essa gente de lá
já faz mais de um ano que não posso ver
e essa banda de lá
já faz mais de um ano que não posso ir
e essa gente de lá
já faz mais de um ano que não posso ver

mas há um cheiro de pneu queimado no ar

VERBOS À FLOR DA PELE

Sangueaudiência F.U.R.T.O. (2005)

latifundiário escravagista
ou os dois ao mesmo tempo
de norte a sul como pragas
alastrando a fome que acampa
em quilombos ambulantes
na beira da pista
é morte na pista
na lista de morte
dos modernos capitães do mato

na Palestina verde
enxadas lutam contra armas
organizando
a necessidade de cantar
uma mística maior

é preciso plantar
no chão do céu da boca
verbos à flor da pele

EGO CITY

Sangueaudiência F.U.R.T.O. (2005)

carros à prova de bala
com vidros à prova de gente
cor fumê da indiferença
e vão lambendo os cartões de crédito
comprando de quase tudo
do orgulho à cocaína
de dólares a meninas
passando em frente à réplica
da estátua da liberdade
que nos prende ao consumo siliconizado
e farpado urgente que diz
bem-vindo a ego city

lutadores sem filosofia
crianças sem esquinas
realidade da portaria
mas só se for pela porta dos fundos
de frente pro mar
de costas pro mundo
perderam o governo
mas ainda seguram os trunfos
quando cair delete o meu nome
dos seus computadores
se você insistir
o meu descanso será seu pesadelo

lembre-se do mistério de PC
dono do avião negro
porque o terno e o uniforme ainda são

os disfarces mais usados pelo crime
tráfico de influência
tráfico de vaidade
tráfico pra ocupar
melhor lugar na corte
bem-vindo a ego city

NINGUÉM REGULA A AMÉRICA

Instinto Coletivo O RAPPA (2001)

ninguém regula a América
nobody fucks with America

satélites de cima
vigiando todos os atos de rebeldia
MST observado pela CIA
um avião cara-de-pau
preso na China
painel de controle
cidades sem culpa
na sensação do protocolo de Kioto
carbonizado em plena chuva
de armas exportadas
sangrando no dólar
o dólar dos outros
coagulado e globalizado
nas veias abertas
de outra dívida externa

forçando a porta da Colômbia
com uma hipocrisia que vicia
o intelecto de Brasília
e outras capitais
estreladas deixando a bandeira
de fardas
que segue na arrogância
independente de quem for
O W. Bush de plantão
que engatilha um novo missel sem limites
sobre o céu de Wall Street
arriscando a todos

com o medo de perder
mais uma guerra

ninguém regula a América

A CARNE

Moro no Brasil FAROFA CARIOCA (1998)

a carne mais barata do mercado é a carne negra
que vai de graça pro presídio
e para debaixo do plástico
que vai de graça pro subemprego
e pros hospitais psiquiátricos

a carne mais barata do mercado é a carne negra
que fez e faz história pra caralho
segurando esse país no braço, meu irmão.
o gado aqui não se sente revoltado
porque o revólver já está engatilhado
e o vingador é lento
mas muito bem intencionado
esse país vai deixando todo mundo preto
e o cabelo esticado

e mesmo assim
ainda guardo o direito
de algum antepassado da cor
brigar por justiça e por respeito
de algum antepassado da cor
brigar bravamente por respeito

carne negra

TODO CAMBURÃO TEM UM POUCO DE NAVIO NEGREIRO

O Rappa O RAPPA (1997)

tudo começou quando a gente conversava
naquela esquina alí
de frente àquela praça
veio os homens e nos pararam
documento por favor
então a gente apresentou
mas eles não paravam
qual é negão? qual é negão?
o que que tá pegando?
qual é negão? qual é negão?

é mole de ver
que em qualquer dura
o tempo passa mais lento pro negão
quem segurava com força a chibata
agora usa farda
engatilha a macaca
escolhe sempre o primeiro negro
pra passar na revista

todo camburão tem um pouco de navio negreiro

é mole de ver
que para o negro
mesmo a aids possui hierarquia
na áfrica a doença corre solta
e a imprensa mundial dispensa poucas linhas
comparado ao que faz com qualquer figurinha do cinema
ou das colunas sociais

todo camburão tem um pouco de navio negreiro

TRIBUNAL DE RUA

Lado A Lado B O RAPPA (2000)

a viatura foi chegando devagar
e de repente
de repente resolveu me parar
um dos caras saiu de lá de dentro já dizendo
ai compadre cê perdeu
se eu tiver que procurar cê ta fodido
acho melhor cê i deixando esse flagrante comigo
no início eram três
depois vieram mais quatro
agora eram sete os samurais da extorsão
vasculhando meu carro
metendo a mão no meu bolso
cheirando a minha mão

de geração em geração
todos no bairro já conhecem essa lição

e eu ainda tentei argumentar
mas tapa na cara pra me desmoralizar
tapa
tapa na cara pra mostra quem é que manda
porque os cavalos corredores ainda estão na banca
nesta cruzada de noite
encruzilhada
arriscando a palavra democrata
como um santo graal
na mão errada dos hômi
carregada em devoção

de geração em geração
todos no bairro já conhecem essa lição

o cano do fuzil
refletiu o lado ruim do Brasil
nos olhos de quem quer
e quem me viu
único civil
rodeado de soldados
como seu eu fosse o culpado
no fundo querendo estar
a margem do seu pesadelo
estar acima do biótipo suspeito
nem que seja dentro de um carro importado
com um salário suspeito
endossando a impunidade
a procura de respeito

mas nesta hora só tem sangue quente
quem tem costa quente
quente
quente
só costa quente
pois nem sempre é inteligente peitar
peitar um fardado alucinado
que te agride e ofende
pra te levar
pra te levar alguns trocados

era só mais uma dura
resquício de ditadura
mostrando a mentalidade
de quem se sente autoridade
nesse tribunal de rua

AMÉM CALIBRI 12

Sangueaudiência F.U.R.T.O. (2005)

o santo que deu fim à humildade
beatificado pelo ódio
neoliberal como uma Ferrari
em frente ao Vidigal

amém
amém
amém calibre 12

me ensinaram o que querer mas não disseram como ter
e agora os mesmos olhos que pediam
vão descer para exigir
e não serão mais complacentes
fazendo vítimas do outro lado da avenida
mas dessa vez serão brancas bem-nascidas para ganhar nitidez
porque o resto caiu
levantou
caiu
levantou de novo
e escorreu nos jornais que só quem é pobre leu

amém
amém
amém calibre 12

faz os seus devotos desde os 12
consumo
consumido
consumado
serão medo
mas nunca respeito
incendiando o seu próprio morro

amém
amém
amém calibre 12

porque o poder alucina em qualquer canto
tão paralelo quanto
escutas telefônicas ilegais
e outras manipulações
pois na boca o mundo beira Beira-Mar
mas ninguém entende o A.C.M.
e é quando o santo maldito surpreende
e sai fora de repente
porque só bandido pobre morre cedo
só bandido pobre morre cedo
e nunca é tão cedo pra morrer pobre só
mas é tarde demais para explicar

que pra você até o céu é dividido em castas
o sonho termina na vala comum
calado por um novo absurdo

adeus calibre 12
adeus calibre 12

essa disputa vai ter sangue
que vai molhar da cabeça aos pés
Essa disputa vai ter sangue
abalando a confiança dos fiéis

amém
amém
amém calibre 12

NA PALMA DA MÃO

Lado A Lado B O RAPPA (2000)

o negro pisou no topo do morro
pegou sua viola e tocou pro povo
pro povo do crime
que foi chegando e colocando
as suas armas devagar no chão
o mesmo chão que guarda o sangue
o mesmo chão de correrias
o mesmo chão de tantas famílias
que hoje batucam o mesmo som

na palma da mão pra aliviar

o negro brilhou e ajudou
aquelas almas distorcidas pela guerra
só com a viola, só com a voz
só com a viola suas idéias
o negro falou e falou alto
inspirou uma calma
e misteriosamente alegre é
sufocando o pior dos bandidos

e em troca deixou lágrimas
nos olhos do artista
lágrimas, lágrimas

na palma da mão pra aliviar

hoje mesmo, hoje
quando o barulho dos tiros sinalizam
o que acontece por lá

uma comunicação silenciosa
se faz com a memória das armas no chão
por algum momento
ganhando outra missão

ENTRE O CONFLITO E A INDECISÃO

Sangueaudiência F.U.R.T.O. (2005)

últimas notícias:
a madrugada de hoje foi tensa no morro
oremos juntos pela vida financeira
não se preocupe comigo
mas eu não volto mais pra casa não
não se preocupe comigo
mas com o que me aconteceu
eu sumi
e eles podem levar um outro filho seu
sem corpo
sem prova
sem prova
sem crime

o sal da lágrima fica no gosto
e ao costume da língua em duas falas diferentes
mães de Acarí
da praça de maio
e outras tantas por aí
entre o conflito e a indecisão

as vítimas não encontradas somos todos nós
os que não demos adeus e nem rezamos
nos cemitérios clandestinos da justiça
não se preocupe comigo
mas eu não volto mais pra casa não
eu que talvez esteja mais próximo do que pareça
vago num grão da vida ou nas lembranças da beleza
não sei se virei fim ou me perdi em mim

mas nessa expressão posso ser história
e recomeço
psicografado
nunca esquecido ou requerido
não se preocupe comigo
mas com a época que devora caminhos
e destinos com tanta pressa
apagando rastros que nos ensinam
e nos permitem a voltar

não se preocupe comigo
mas eu não volto mais pra casa não

JEAN CHARLES GHOST

(2008)

try to keep your gloves away from me
try to keep your reasons to yourself
try to keep your dogs away from me
try to keep your loss and your lies away from me
this is the voice of jean charles ghost
this is the voice of another disposable soul

now i'm just a bloody apology
falling all over your floor
falling all over your history
just like a number
another stranger
from a small town in the "land of the indians"
run to your dreams
run to survive
look to the future
run to your liberal modes
to be colonized by fools
"a long time Babilonia pray upon we"

TODOS DEBAIXO DO MESMO SOMBREIRO

Sangueaudiência F.U.R.T.O. (2005)

do AI-5 ao 11 de setembro chileno
do Sendero Luminoso aos filhos encapuzados de Sandino
depois de tantos planos tramados
nas pastas de Kissinger
e em tantas fardas cegas
que continuam a temer uma terra
afro-latina e Ameríndia

tão sugada quanto resistente
democracia sem dentes é o nosso presente
fingindo não ter mais senhor
vários generais exilados na velhice
ainda sonham com o corpo daquela jovem que se foi
porque não dedurou ninguém

depois do sumiço dos meus ancestrais
depois do sumiço dos meus pais

aquelas utopias começam a ver sinais
nos vemos nas ruas quase em tempo real
ressuscitando fantasmas que pareciam
ter virado fast-food globalizados
tiros de festim
ou uma lenda inesquecível de paixão

depois do sumiço dos meus ancestrais
depois do sumiço dos meus pais
a tão usada foto de Che ainda tem força pra sugerir
que sempre é hora de sermos mais inteiros

todos de baixo de um mesmo sombreiro

TUMULTO

Rappa Mundi O RAPPA (1995)

eu sempre penso duas vezes
antes de entrar
mas tem certos momentos
que atingem o inconsciente popular
inconsciente popular

tumulto
corra que o tumulto está formado
vem cá vem vê
que dentro do tumulto pode estar você

panela batendo
toca fogo no pneu
põe barricada
velhos
senhoras e crianças
a mulecada pula
debocha e dá risada
parece brincadeira mas não é

a comunidade não aguenta tanto tempo sem água

tudo bem ele era o bicho
mas saiu daqui inteiro
até chegar no hospital
levou três tiros no peito
e a galera daqui
fez igual fizeram em Vigário Geral
todo mundo pra rua aumentar o som
pra causar algum tipo de repercussão
quando o monstro vem chegando

chegando,
chegando
chegando
e ameaçando invadir o seu lar
(parado ae no memo lugar se não se corrê eu atiro)

ESSÊNCIA

Sambaland Club WILSON SIMONINHA (2001)

garrafas de cerveja
espalhada pelo chão
um sapato perdido
velho
lembrando a confusão
o samba de ontem não acabou bem
o samba de ontem não acabou bem, não

porque
o samba não é só um dia
o samba não é só folia
o samba se parece com a vida
nasce e morre todo dia
pra ser essência
corpos e construções
essência
beijos e lições
essência
corpos e construções
essência
entre beijos e lições
essência

TERRORISMO CULTURAL

Sangueaudiência F.U.R.T.O. (2005)

um atentado contra golpe
contra tudo que já se foi falado
jurado, esperado
e prometido como solução

um atentado contra golpe
contra tudo que já se foi
um ato de violência educada
ou um ato de educação para violar a situação

antes do momento exato
da intolerância virar desafeto
e o desafeto virar
tonteira
na ciranda dos valores trocados pelo deus dinheiro

eles roubaram livros e fugiram em manifesto
eles roubaram livros como vacina antivírus
eles roubaram livros e fugiram em manifesto
eles roubaram livros

reconhecidos e procurados
como uma tribo de índios
negros coloridos como todos nós

fugiram da favela dos sentidos
cavando de dentro pra fora
um novo dia de sol
porque o futuro começou
quando dormíamos numa noite longa e aflita
que aos poucos começa a escurecer a pista

a escurecer a pista
a pista
a pista

MENTAL COMBATE

Sangueaudiência F.U.R.T.O. (2005)

onde o bar é um templo e o templo é um bar
o medo é mais difícil de tratar
sentidos aguçados na escuridão
feridas sem embolso
todos deitados no chão

mental combate

nós intimidados
somos as ruas que choraram
na maior favela do Brasil
onde o soro caseiro é um abraço de mãe
pro coração não se tornar um gueto em formação

mental combate

atravessamos a carniça das idéias
onde os urubus nos querem
com o estandarte de nossa sensibilidade
pra mostrar nossa outra escola
de outra mocidade
e de outra estação primeira
bem diferente das rosas que falam demais
e dizem que rezam demais no meio de uma paz armada
que de hoje pra depois sangrará até os cartões postais

mental combate

PESCADOR DE ILUSÕES

Rappa Mundi O RAPPA (1995)

se meus joelhos não doessem mais
diante de um bom motivo que me traga fé

se por alguns segundos eu observar
e só observar a isca e o anzol

ainda assim
estarei pronto pra comemorar
se eu me tornar menos faminto
e curioso
o mar escuro trará o medo
lado a lado
com os corais mais coloridos

valeu a pena
sou pescador de ilusões

se eu ousar catar na superfície
de qualquer manhã
as palavras de um livro sem final

valeu a pena
sou pescador de ilusões

UMA AJUDA

Lado A Lado B O RAPPA (2000)

como é bom te ver
é uma ajuda
se é!

meus olhos não aguentavam mais admirar o comprovado
encarar tantas verdades cruas
é ver o céu pela metade
no teu abraço contente algo ficou diferente
pude sentir a poeira das coisas caindo um pouco distante
da gente

com você a lua foi mais que lua e felicidade
continua rápida mas agora é mais pura
eu pude ouvir do muro fino entre a ciência e Deus
eu pude ouvir,eu pude ouvir seu anúncio
eu pude ouvir, o que ninguém foi capaz de prever
eu pude ouvir,o que te faz me surpreender

como é bom te ver
é uma ajuda
se é!

o que te faz, o que te faz, o que te faz
o que te faz me surpreender?

CRISTO OXALÁ

Lado A Lado B O RAPPA (2000)

oxalá se mostrou assim tão grande
como um espelho colorido
pra mostrar pro próprio Cristo como ele era mulato
já que Deus é uma espécie de mulato.
salve
em nome de qualquer Deus
salve
se eu me salvei

foi pela fé
minha fé minha cultura
minha fé
minha fé é meu jogo de cintura

o cristo partiu do alto do morro que nós somos
rodeados de helicópteros que caçavam marginais
a mostrar mais uma vez o seu lado herói
se transformando em Oxalá
vice-versa tanto faz
a rodar todo de branco na mais linda procissão
abençoando a fuga numa nova direção

minha fé é meu jogo de cintura

MILAGRE

Instinto Coletivo O RAPPA (2001)

ao redor dos maiores prédios que eu já vi
no final de um dia cheio de engolir
cada um tem seus milagres
pra insistir
cada um tem seus milagres
pra fugir pra não ouvir
cada um tem seus milagres

o som dos dias que distanciam
a nossa melhor metade
que vai ficando de lado
pelo medo de não dormir
que vai ficando de lado
sem esquecermos das pequenas coisas
que nos protegem, que nos protegem porque

cada um tem seus milagres
pra fugir
cada um tem seus milagres,
pra insistir pra não ouvir
cada um tem seus milagres

MINHA ALMA

Lado A Lado B O RAPPA (2000)

a minha alma tá armada
e apontada
para cara do sossego
pois paz sem voz
paz sem voz
não é paz
é medo

as vezes eu falo com a vida
as vezes é ela quem diz:
qual a paz que eu não quero conservar
prá tentar ser feliz?

as grades do condomínio
são pra trazer proteção
mas também trazem a dúvida
se é você que tá nessa prisão

me abrace e me dê um beijo
faça um filho comigo
mas não me deixe sentar na poltrona
no dia de domingo

procurando novas drogas de aluguel
neste vídeo coagido
é pela paz que eu não quero seguir admitindo

AS CIDADES

Sangueaudiência F.U.R.T.O. (2005)

arranhando o céu por escadas de carne
útero postiço de lâmpadas distantes
cordão umbilical entre a fibra ótica
e a ótica da fibra

quando a arte se torna maior que a criação
muitos a chamam de obra
quando a obra se torna maior que o homem
ela se chama cidade

se todo homem tem um preço
esse é o lugar do troco
eu tô lá na esquina esperando seu rosto passar
só os encontros vão salvar

ME DEIXA

Lado A Lado B O RAPPA (2000)

podem avisar
pode avisar
invente uma doença que me
deixe em casa pra sonhar

com o novo enredo outro dia de folia
eu ia explodir
mas eles não vão ver os meus pedaços por aí

me deixa que hoje eu tô de bobeira
bobeira

hoje eu desafio o mundo
sem sair da minha casa
hoje eu sou um homem mais sincero
e mais justo comigo

podem os homens vir que
não vão me abalar
os cães farejam o medo,
logo não vão me encontrar
não se trata de coragem
mas meus olhos estão distantes
me camuflam na paisagem
dando um tempo pra cantar

me deixa que hoje eu tô de bobeira
bobeira

hoje eu desafio o mundo
sem sair da minha casa
hoje eu sou um homem mais sincero
e mais justo comigo

nada aqui pode ter ponto final

Este livro foi composto para a Leya em Kozuka
entre o inverno 2010 e a primavera de 2012